Papierflieger

Dave Oliver

arsEdition

Inhalt

Papiervorlagen

5 4 3 2   12 11 10

© 2008 Haldane Mason Ltd
© 2009 für die deutsche Ausgabe:
arsEdition GmbH, München

Alle Rechte vorbehalten

Art-Director: Ron Samuel
Design der Papierflieger: Clifford Hayes
Illustrationen: Mike Fuller

Aus dem Englischen von Elke Hesse

Covermotiv (Hintergrund):
© Thaut Images – Fotolia.com

Printed in China

978-3-7607-2825-4

www.arsedition.de

Einleitung

Willkommen in der wunderbaren und aufregenden Welt der Papierflieger. Schon vor Hunderten von Jahren haben Menschen sich Papierflugzeuge gebastelt, schon bevor echte Flugzeuge gebaut wurden. Papierflieger gibt es in zahlreichen Formen und Designs. Dieses Buch zeigt dir, wie du 15 verschiedene Modelle basteln kannst – einige davon sind ganz einfach zu bauen, andere sind etwas schwieriger. Aber mit ein wenig Geduld und Übung wirst du alle schaffen. Wir wünschen dir viel Spaß mit deinen Fliegern!

Bevor du anfängst, solltest du verstehen, wie Flugobjekte eigentlich fliegen. Es gibt zwei Arten von Flug: Gleitflug und Ruderflug. Papierflieger gleiten von allein durch die Luft, echte Flugzeuge brauchen zusätzliche Antriebsenergie. Vögel beherrschen beide Flugarten, sie gleiten oder bewegen ihre Flügel.

Aber wie bleiben Vögel und Flugzeuge in der Luft? Ein Flugzeugflügel ist oben gewellt und unten flach. Beim Fliegen gleitet die Luft schneller über die Oberfläche als darunter. Damit ist der Luftdruck von unten stärker als von oben und hebt die Tragfläche deshalb nach oben. Das nennt man Auftrieb. Ist der Auftrieb größer als das Gewicht oder die Schwerkraft des Flugzeugs, dann steigt das Flugzeug nach oben. Schub nennt man es, wenn das Flugzeug durch die Luftströmung über den Tragflächen nach vorne geschoben wird. Der Schub muss also den Luftwiderstand überwinden – die Reibung, die das Flugzeug beim Zusammenstoß mit der Luft erzeugt. Ein stromlinienförmiger Flieger fliegt besser, weil der Luft- oder Strömungswiderstand geringer ist. Dadurch hält er besser die Richtung ein.

Mit einem leichten Knick verhilfst du deinen Papierfliegern zu Auftrieb. Ihnen fehlt natürlich der richtige Schub für einen längeren Flug. Nachdem du sie angestoßen hast, wird der Luftwiderstand sie deshalb langsam nach unten drücken. Probiere verschiedene Startwinkel und Startgeschwindigkeiten aus, um herauszufinden, wie es am besten funktioniert.

Ist der Schub größer als der Luftwiderstand und der Auftrieb größer als das Gewicht, steigt ein Flieger auf und davon!

Einleitung

So musst du falten
Deine Flieger gleiten umso besser, je kräftiger du die Faltung machst.

1. Lege das Faltblatt immer auf die Vorderseite, sodass das Muster der Rückseite zu dir zeigt.

2. Falte das Papier, aber drücke es noch nicht sofort fest. Vergewissere dich zunächst, wo deine Faltlinie entlanglaufen soll, kontrolliere Anfang und Ende der Faltung.

3. Erst dann presst du die Faltung fest, indem du mit dem Finger darüberfährst.

4. Zum Schluss fährst du mit dem Daumennagel noch einmal fest über die gesamte Faltlinie, um eine scharfe Faltung zu bekommen.

So bastelst du ein Quadrat
Die meisten Papiervorlagen sind in einem rechteckigen DIN-A4-Format. Manchmal benötigst du aber auch ein Quadrat. Hier wird gezeigt, wie du aus einem rechteckigen Blatt leicht ein Quadrat basteln kannst.

1 Falte die obere linke Ecke des Blatts zur rechten Blattseite hin, sodass oben ein großes Dreieck entsteht.

2 Lege ein Lineal entlang der unteren Seite des Dreiecks und reiße dann vorsichtig das übrig gebliebene schmale Rechteck des Blatts ab.

3 Öffne das Blatt wieder, und du hast ein perfektes Quadrat.

Der Pfeil

**Das ist eines der ältesten Papierfliegermodelle.
Und eines der leichtesten.**

1 Lege das Faltblatt »Pfeil« oder ein A4-Blatt waagrecht vor dich hin und falte es einmal nach oben zusammen.

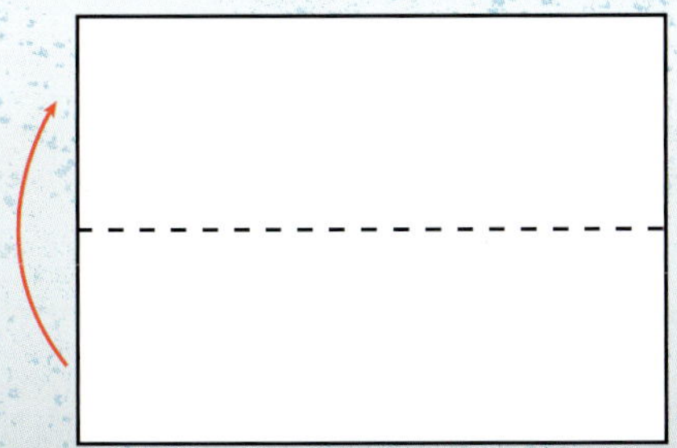

2 Falte die obere rechte Ecke der oberen Blatthälfte ganz nach unten. Drehe das Papier um und falte die rechte Ecke der unteren Blatthälfte auch nach unten.

3 Drehe das Papier wieder um und falte entlang der gestrichelten Linie erneut nach unten. Das Gleiche machst du auf der anderen Seite.

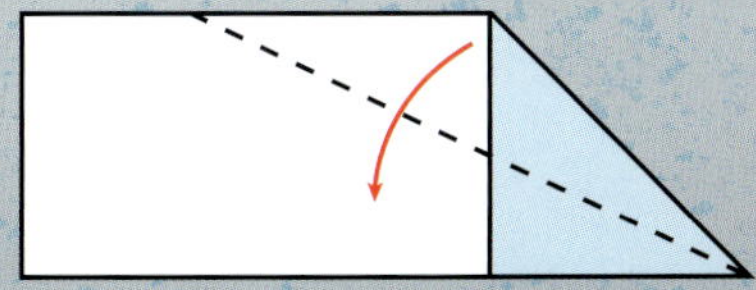

4 Wieder umdrehen und noch einmal entlang der gestrichelten Linie nach unten falten. Auf der anderen Seite die Faltung wiederholen.

5 Jetzt kannst du die letzte Faltung leicht öffnen, dann siehst du die Flügel.

So fliegt er:

- ☞ Überprüfe, ob die Flügel genau im rechten Winkel stehen.
- ☞ Wirf den Flieger mit erhobenem Arm leicht nach vorne.
- ☞ Probiere weitere Flugvarianten aus, indem du die Flügel oder die hinteren Seiten etwas nach oben biegst.

Der Gleiter

Dieser elegante Gleiter fliegt zwar nicht schnell, dafür aber sehr weit.

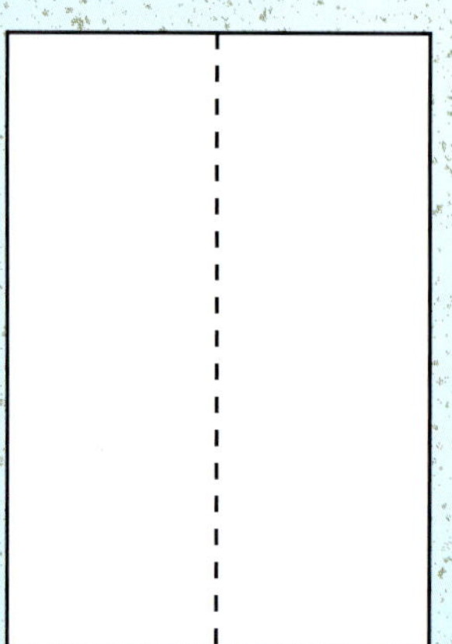

1 Lege das Faltblatt »Gleiter« oder ein A4-Blatt senkrecht vor dich hin und falte es einmal von links nach rechts und wieder auf.

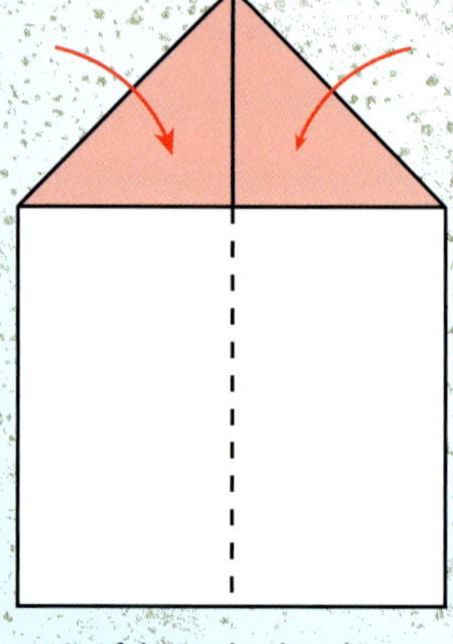

2 Jetzt faltest du die oberen Ecken zur Mittellinie hin wie gezeigt.

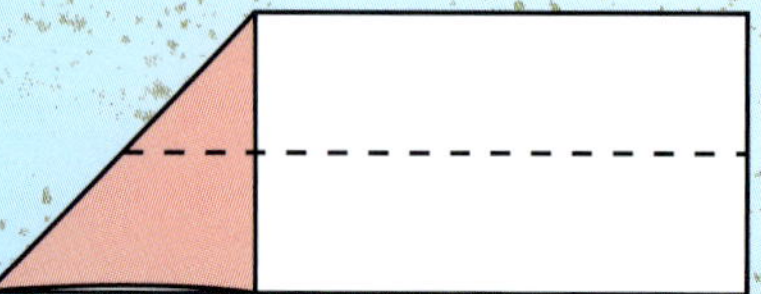

3 Drehe das Blatt um und falte es entlang der Mittellinie noch einmal nach oben. Dann faltest du die Blattoberseite entlang der gestrichelten Linie noch mal nach unten. Mach es auf der anderen Seite genauso.

4 So sieht dein Flieger aus, wenn du die Flügel gefaltet hast.

5 Hebe die Flügel so weit an, bis sie im rechten Winkel zum Rumpf stehen.

So fliegt er:

☾ Wirf den Flieger mit erhobenem Arm leicht nach oben, damit er einen Aufwärtsschub bekommt.

☾ Probiere aus, was passiert, wenn du ein, zwei oder drei Büroklammern an der Nase feststeckst.

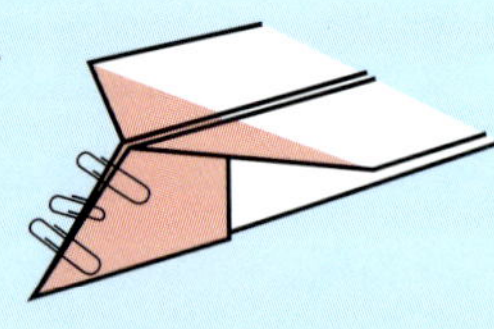

☾ Du kannst auch die hinteren Seiten leicht nach oben biegen.

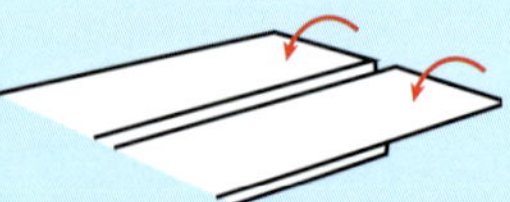

Dieses auffällige Modell durchschneidet regelrecht die Luft.

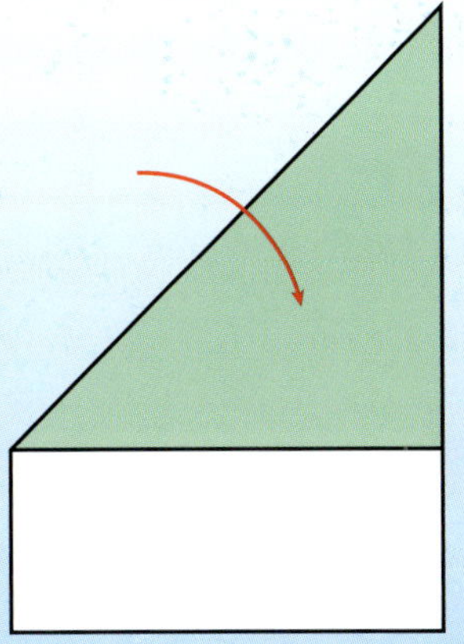

1 Lege das Faltblatt »Klinge« oder ein A4-Blatt vor dich hin und falte die linke obere Ecke fest zur rechten Seite.

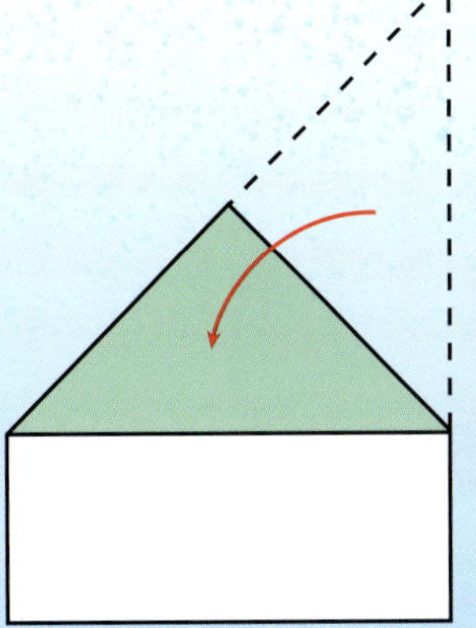

2 Jetzt faltest du die obere Ecke nach unten zur linken oberen Ecke. Drücke die Faltung gut fest.

3 Falte den Flieger von rechts nach links zur Hälfte zusammen und drehe ihn um.

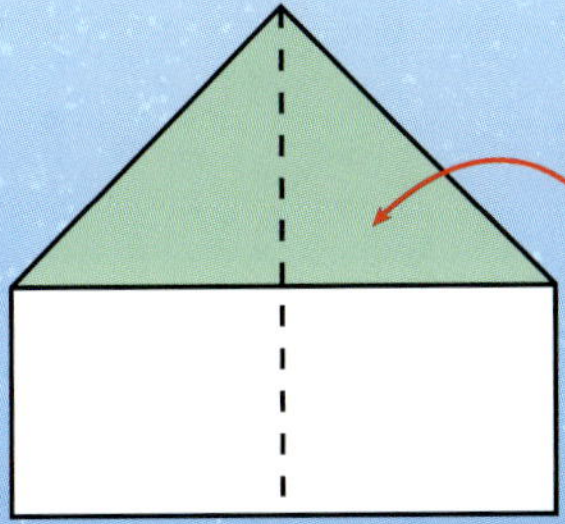

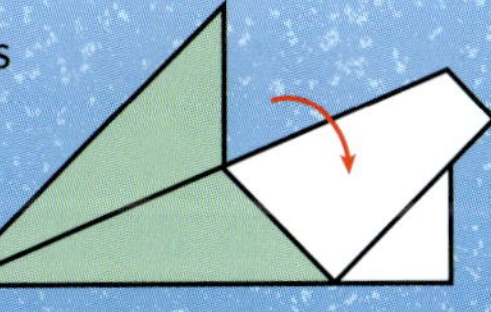

4 Entlang der gestrichelten Linie faltest du die Flügel auf jeder Seite nach unten.

5 Achte darauf, dass in der Mitte des Fliegers die »Klinge« senkrecht nach oben steht. Es soll so aussehen, wie hier gezeigt.

So fliegt sie:

- *Um die Faltung wirklich scharf zu machen, fahre mit dem Daumennagel darüber.*
- *Wirf den Flieger steil nach oben.*
- *Dank der »Klinge« kann dein Flieger Loopings fliegen.*

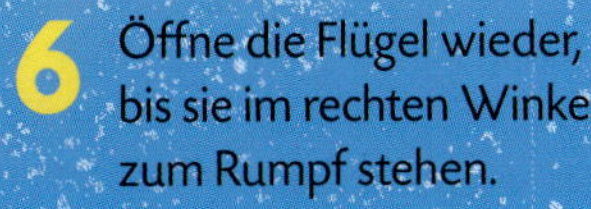

6 Öffne die Flügel wieder, bis sie im rechten Winkel zum Rumpf stehen.

Die Taube

Die Taube gehört nicht zu den am elegantesten fliegenden Vögeln, sie ist aber sehr robust.

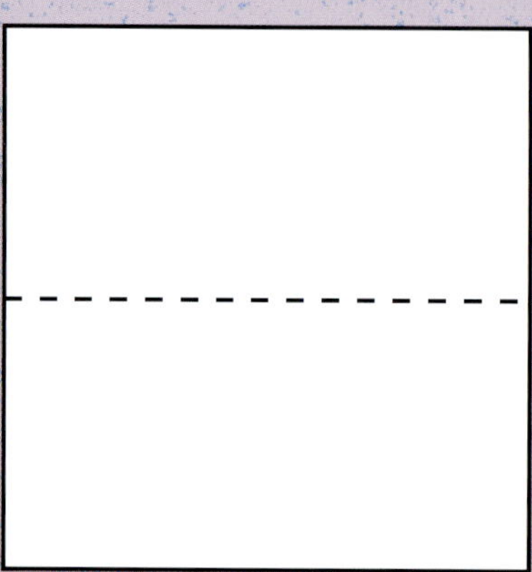

1 Lege das Faltblatt »Taube« vor dich hin, oder bastle ein Quadrat, wie in der Einleitung beschrieben. Falte das Blatt zur Hälfte zusammen und wieder auf.

2 Falte das obere Viertel zur Mittellinie hin und wieder auf.

3 Falte nun die untere linke Ecke nach oben hin zur Viertellinie, dabei soll die neue untere linke Ecke genau an der Mittellinie sein, wie hier gezeigt.

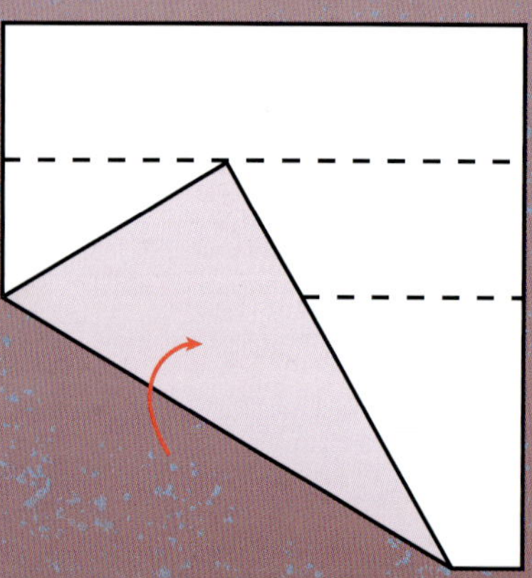

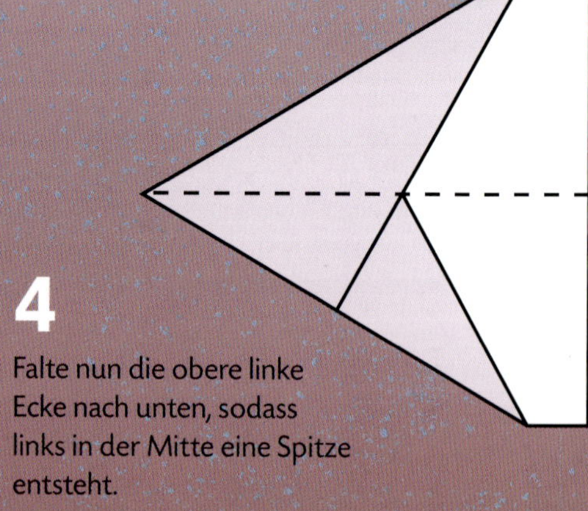

4 Falte nun die obere linke Ecke nach unten, sodass links in der Mitte eine Spitze entsteht.

5 Jetzt klappst du diese Spitze (Punkt A) nach innen zu Punkt B hin und fährst mit dem Daumennagel darüber. Öffne die Faltung wieder.

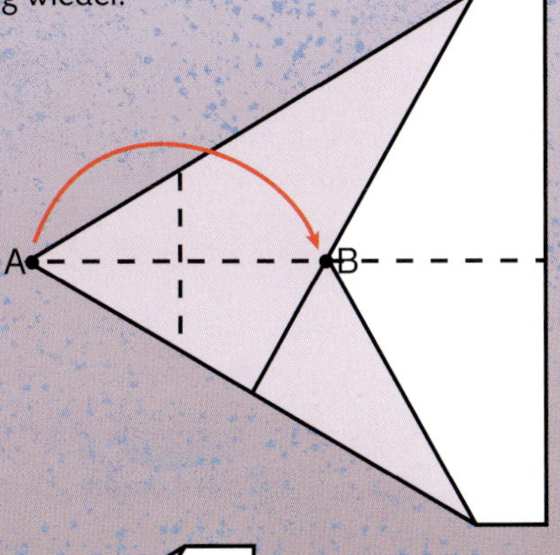

So fliegt sie:

- *Die schwere Nase der Taube ermöglicht einen langen gleichmäßigen Flug.*
- *Halte den Flieger vorne an der Nase und wirf ihn möglichst parallel zum Boden nach vorne.*
- *Biege die Flügelspitzen leicht nach oben.*

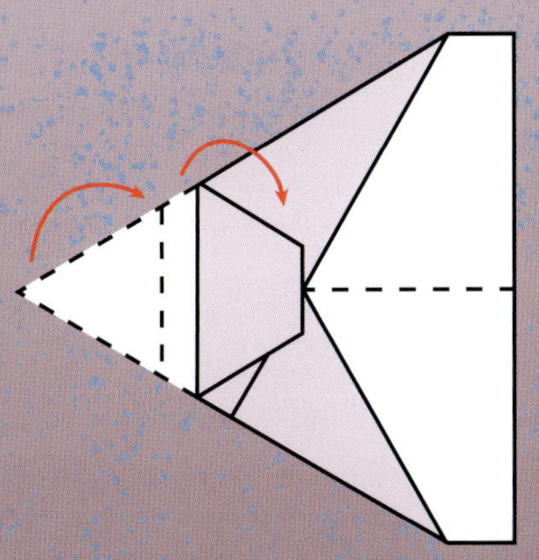

6 Falte die Spitze (Punkt A) genau zu der soeben gemachten Faltlinie hin. Dann biegst du die stumpfe linke Seite nach innen zu Punkt B und drückst die Faltung gut fest.

7 Falte das Modell auf die Hälfte zusammen, dabei sollen die Faltungen innen liegen. Dann faltest du noch einmal auf jeder Seite die Flügel nach unten.

Der Liner

1

Lege das Faltblatt »Liner« oder ein A4-Blatt senkrecht vor dich hin und falte es einmal von links nach rechts und wieder auf.

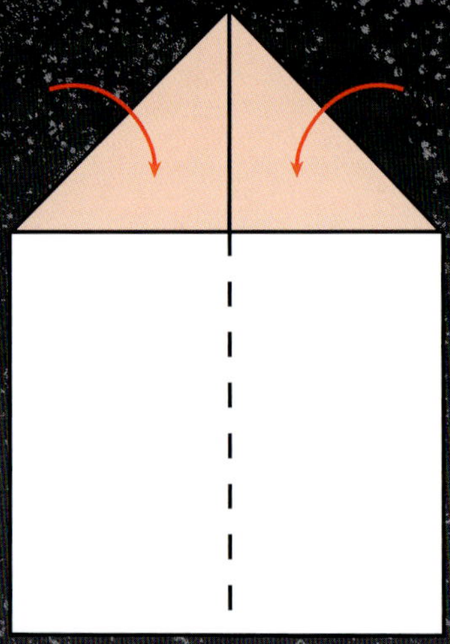

2 Jetzt faltest du die oberen Ecken zur Mittellinie hin wie gezeigt.

3

Dann klappst du das Dreieck einmal nach unten.

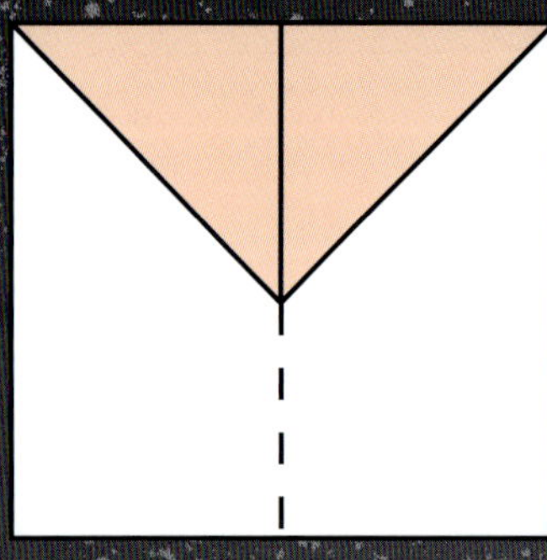

4 Nun faltest du die oberen Ecken erneut zu einem Dreieck nach unten. Damit erhält der Flieger eine schwere Nase.

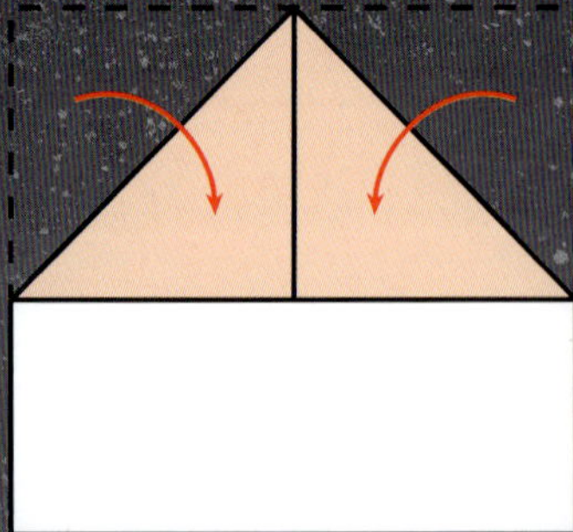

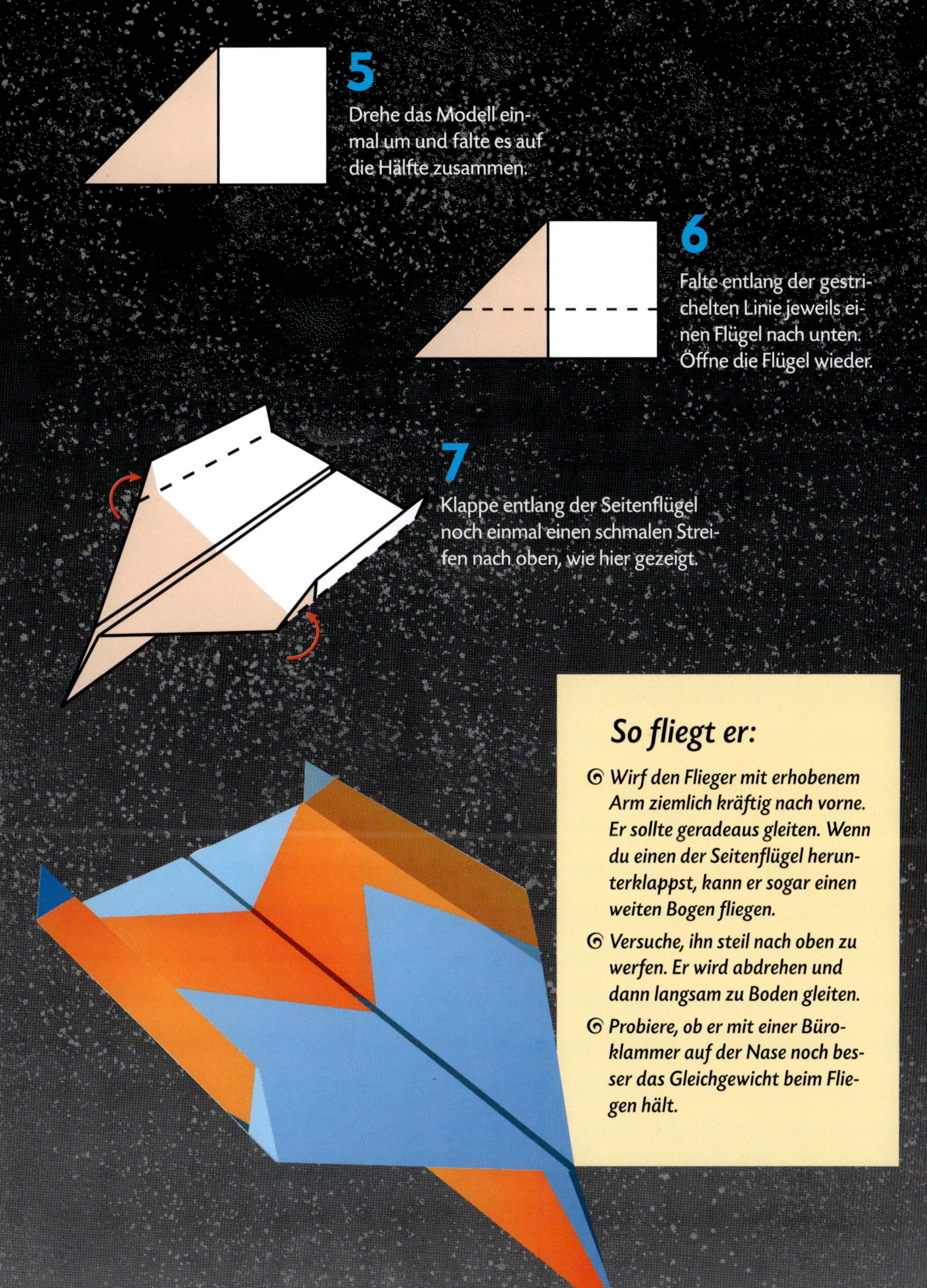

5

Drehe das Modell einmal um und falte es auf die Hälfte zusammen.

6

Falte entlang der gestrichelten Linie jeweils einen Flügel nach unten. Öffne die Flügel wieder.

7

Klappe entlang der Seitenflügel noch einmal einen schmalen Streifen nach oben, wie hier gezeigt.

So fliegt er:

- Wirf den Flieger mit erhobenem Arm ziemlich kräftig nach vorne. Er sollte geradeaus gleiten. Wenn du einen der Seitenflügel herunterklappst, kann er sogar einen weiten Bogen fliegen.

- Versuche, ihn steil nach oben zu werfen. Er wird abdrehen und dann langsam zu Boden gleiten.

- Probiere, ob er mit einer Büroklammer auf der Nase noch besser das Gleichgewicht beim Fliegen hält.

Der Falke

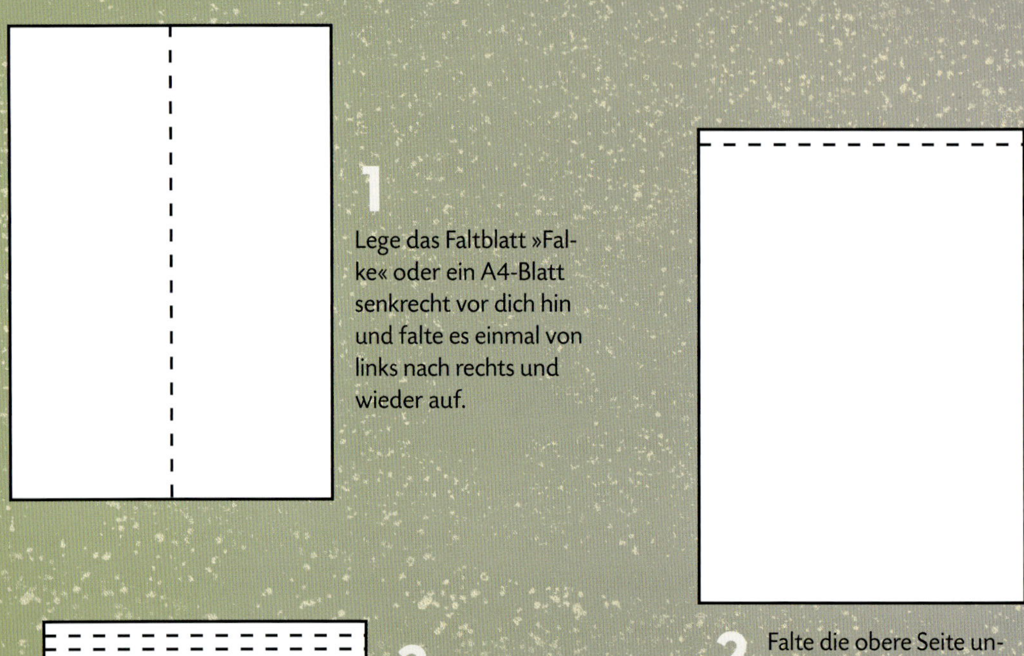

1 Lege das Faltblatt »Falke« oder ein A4-Blatt senkrecht vor dich hin und falte es einmal von links nach rechts und wieder auf.

2 Falte die obere Seite ungefähr einen Zentimeter breit nach unten, entlang der gestrichelten Linie.

3 Falte diese Seite noch weitere zwei Mal je einen Zentimeter nach unten. Drücke jede Faltung mit dem Daumennagel fest an.

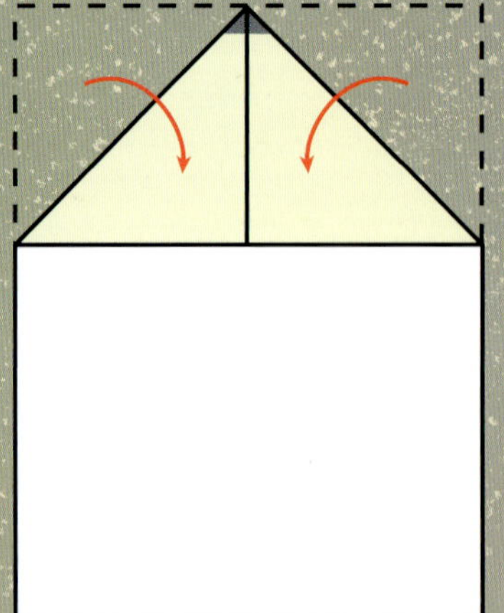

4 Jetzt faltest du die oberen Ecken zur Mittellinie hin zu einem Dreieck zusammen.

5

Falte den Flieger mit
den Faltungen außen
zur Hälfte zusammen.

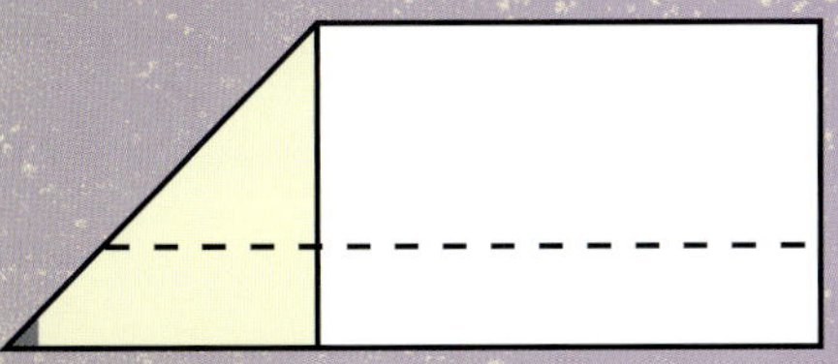

6

Entlang der gestrichelten
Linien faltest du jeweils
die Flügel nach unten.

7

Stelle die Seitenkan-
ten der Flügel noch
auf wie gezeigt.

So fliegt er:

⊙ *Weil die Nase so schwer ist, brauchst du breitere
Flügel als bei den pfeilförmigen Fliegern.*

⊙ *Wirf den Falken in einem langen gleichmäßigen
Bogen mit erhobenem Arm.*

⊙ *Versuche, ihn für einen langen Gleitflug von möglichst weit oben fliegen zu lassen.*

Der Boxer

Dieser flachnasige Gleiter hat solide Flugeigenschaften.

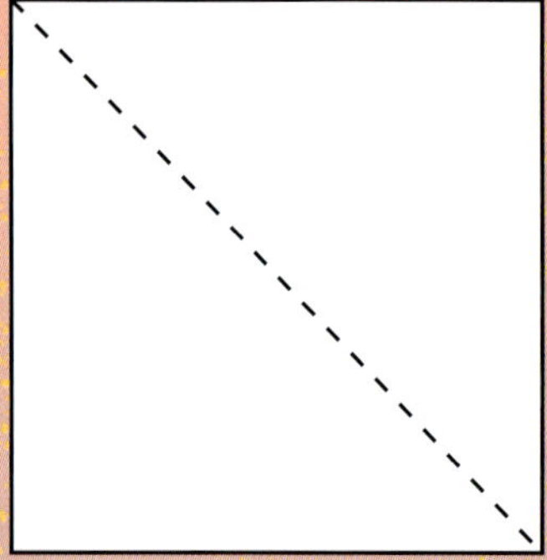

1 Lege das Faltblatt »Boxer« so vor dich hin, dass die Punkte nach rechts zeigen, oder bastle ein Quadrat, wie in der Einleitung beschrieben. Falte die obere rechte Ecke nach unten zur linken Ecke, drücke die Faltung fest und wieder auf.

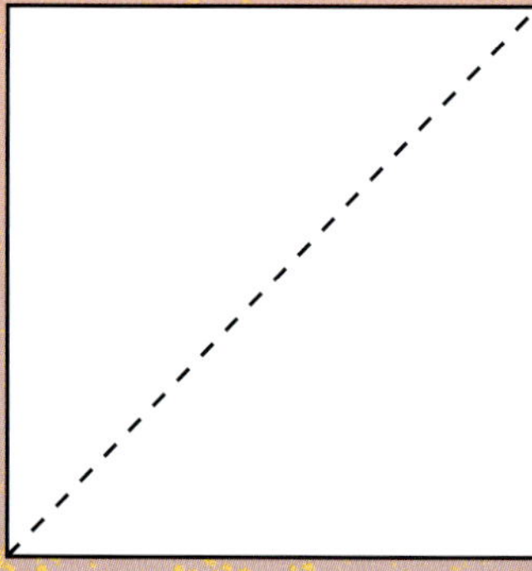

2 Falte die obere linke Ecke zur rechten unteren Ecke, drücke die Faltung fest und wieder auf.

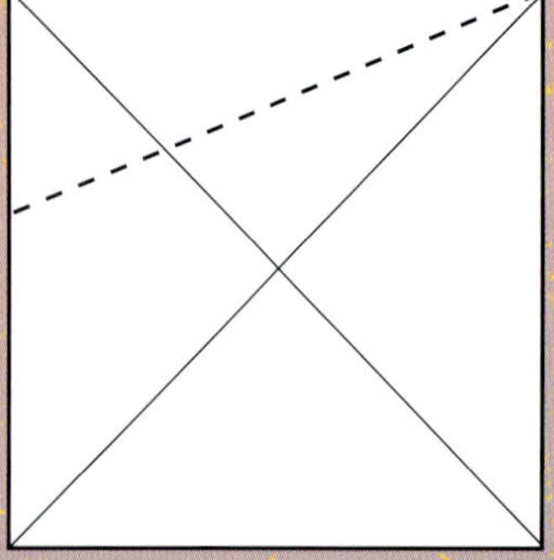

3 Falte die linke obere Ecke zur Diagonale hin, entlang der gestrichelten Linie.

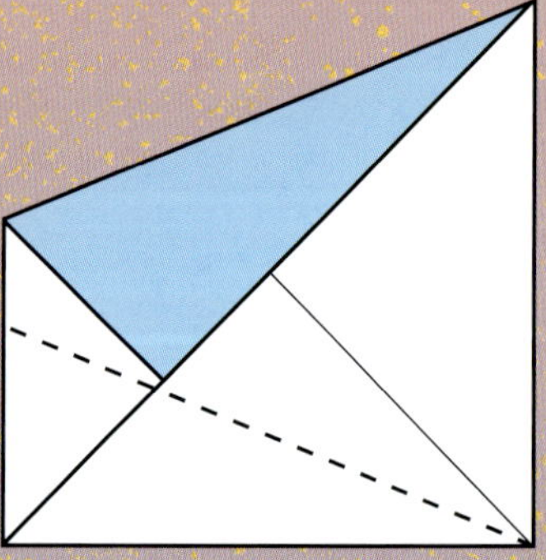

4 Jetzt faltest du die linke untere Ecke ebenfalls entlang der gestrichelten Linie zur Diagonale hin.

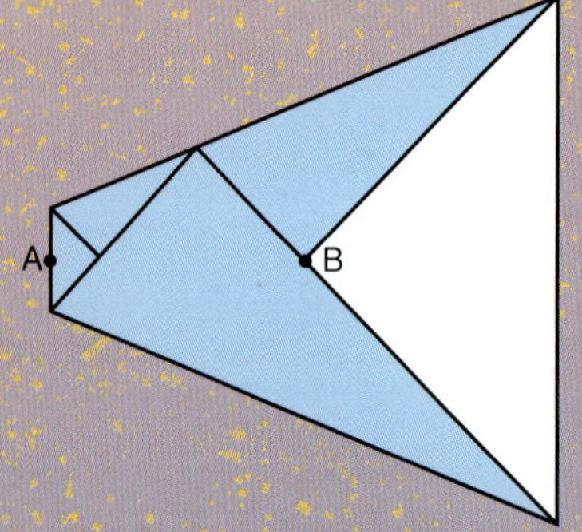

5 So sollte der Flieger aussehen. Falte Punkt A zu Punkt B hin.

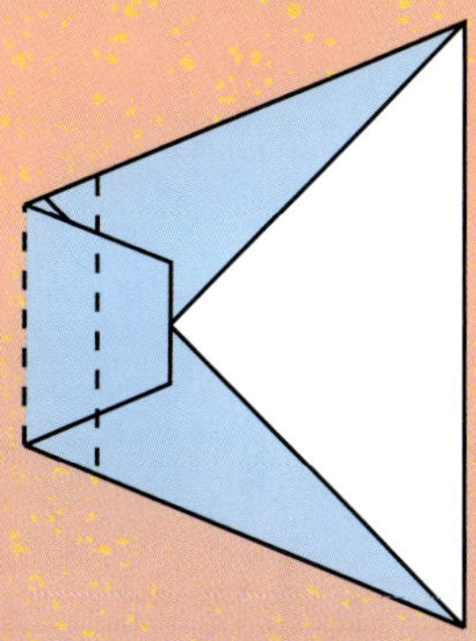

6

Falte die linke Kante noch einmal zu Punkt B hin, um eine schwere stumpfe Nase zu bekommen.

7

Falte den Flieger einmal mit den Faltungen außen zusammen.

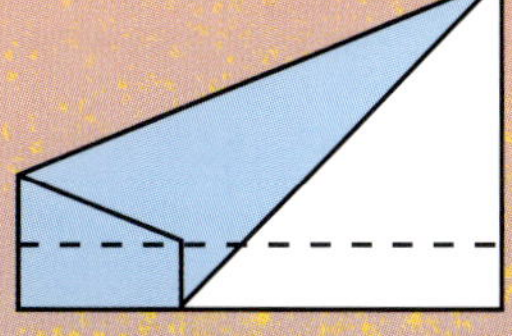

8 Falte die Flügel entlang der gestrichelten Linie nach unten.

9 Öffne die Flügel, bis sie etwas höher als im rechten Winkel zum Rumpf stehen.

So fliegt er:

- *Die schwere Nase macht aus dem Boxer einen zuverlässigen Flieger.*
- *Wirf ihn sanft mit erhobenem Arm leicht nach oben für einen langen Gleitflug.*
- *Probier mal einen Sturzflug aus. Der Boxer gleitet von allein mit sanftem Schwung zu Boden.*

Der Albatros

Dieses Modell mit schwerer Nase und Stabilisator kann ziemlich lange in der Luft bleiben.

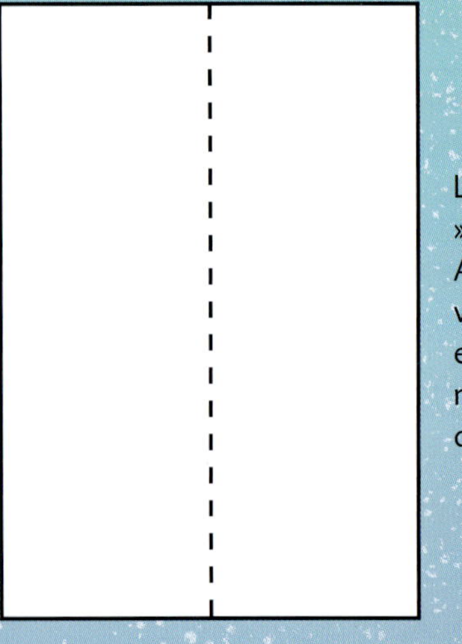

1

Lege das Faltblatt »Albatros« oder ein A4-Blatt senkrecht vor dich hin und falte es einmal von links nach rechts und wieder auf.

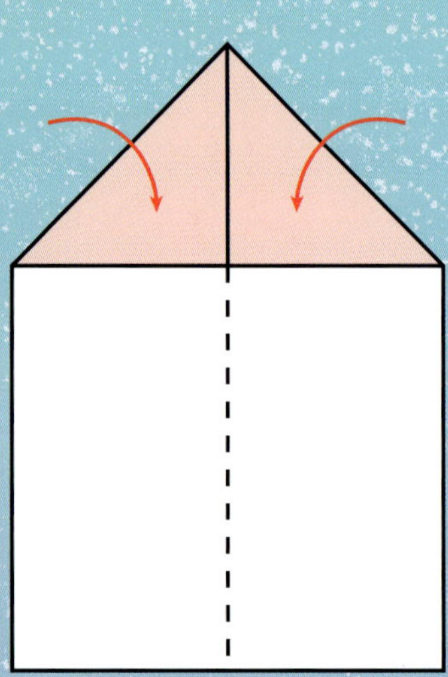

2

Jetzt faltest du die oberen Ecken zur Mittellinie hin zu einem Dreieck zusammen.

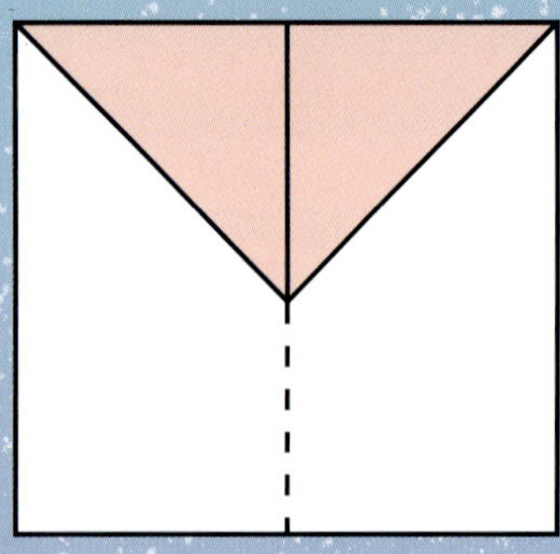

3

Falte das Dreieck einmal nach unten.

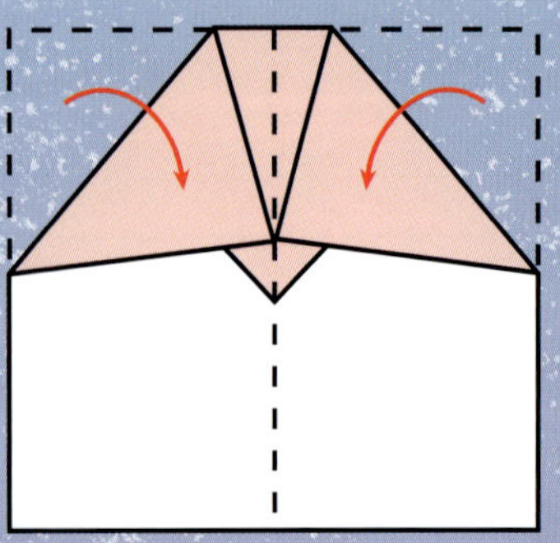

4

Dann faltest du die oberen Ecken noch einmal zur Mittellinie hin, sodass an der oberen Kante zwischen beiden Klappen eine Lücke von 2 cm entsteht.

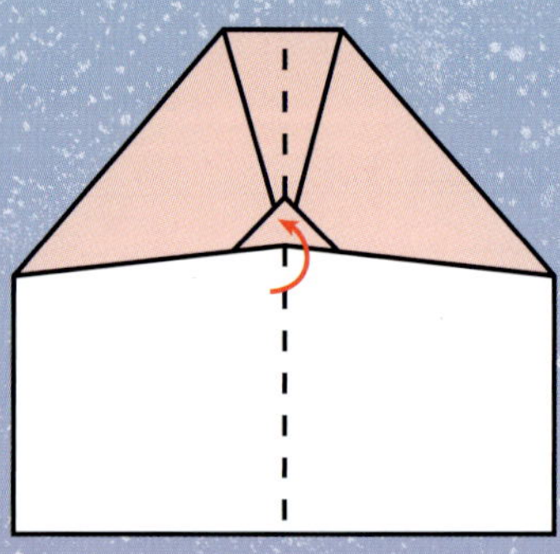

5

Nun klappst du das kleine Dreieck nach oben über die zwei Klappen.

6

Falte das Modell mit den Faltungen nach außen zur Hälfte zusammen.

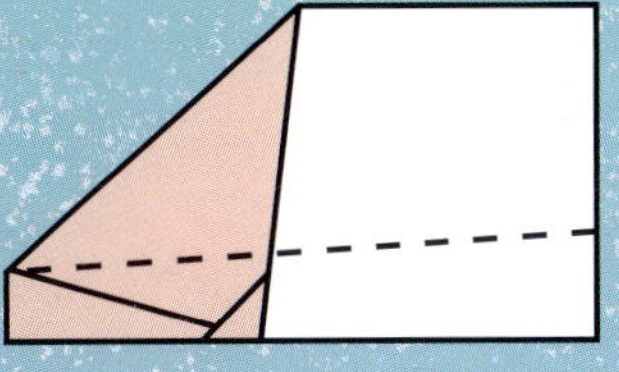

7 Falte die Flügel entlang der gestrichelten Linie nach unten.

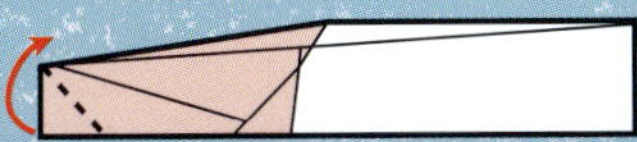

8 Falte die linke Ecke entlang der gestrichelten Linie mehrmals nach vorne und hinten. Dann drückst du sie nach innen zwischen beide Flügel, sodass an der Nase vorne eine kleine Spitze herausschaut.

So fliegt er:

- Die »eingedrückte« Nase hilft, das Flugzeug stabil zu halten.
- Wirf den Albatros mit einer leichten Aufwärtsbewegung nach oben, dann kann er lange schweben.
- Probiere es auch mal aus einer höheren Startposition, um möglichst lange Flugzeiten zu erhalten.

9 Öffne die Flügel, bis sie etwas höher als im rechten Winkel zum Rumpf stehen.

Die Kobra

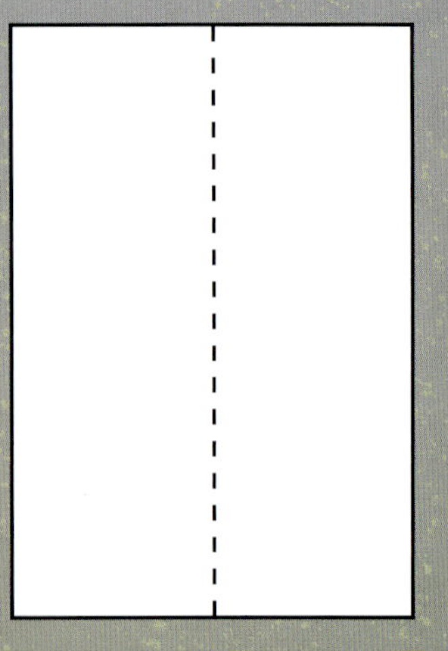

1

Lege das Faltblatt »Kobra« oder ein A4-Blatt senkrecht vor dich hin und falte es einmal von links nach rechts und wieder auf.

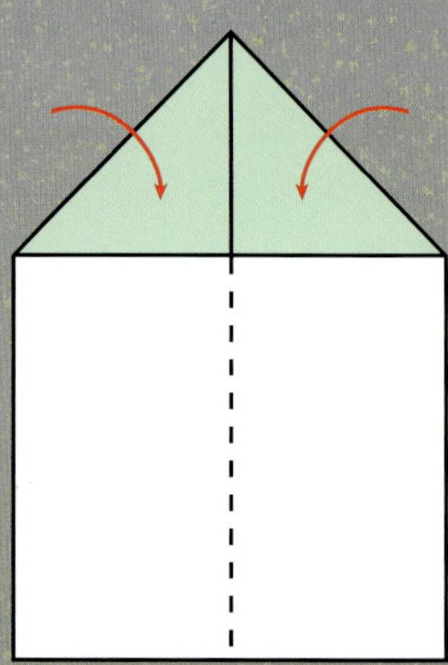

2
Jetzt faltest du die oberen Ecken zur Mittellinie hin zu einem Dreieck zusammen.

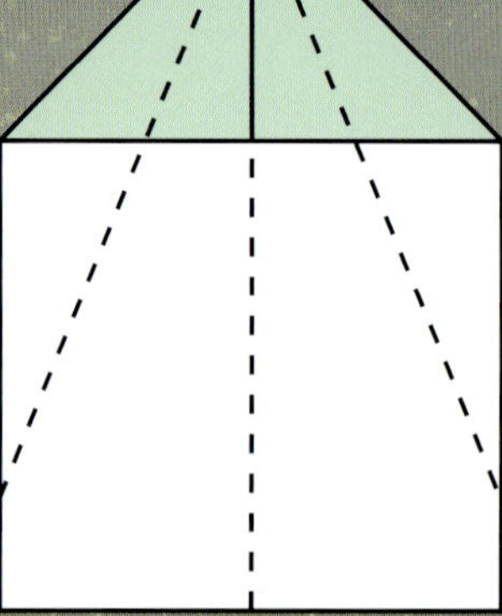

3
Falte die linke und rechte Ecke entlang der gestrichelten Linien erneut zur Mittellinie.

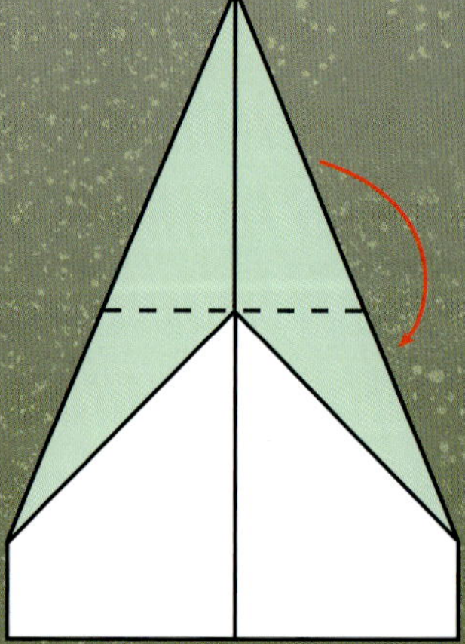

4
Klappe die Spitze wie gezeigt nach unten.

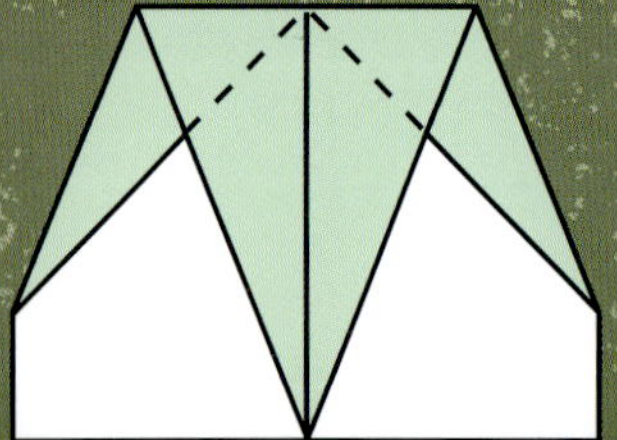

5
Falte die oberen Ecken nach unten zur Mittellinie.

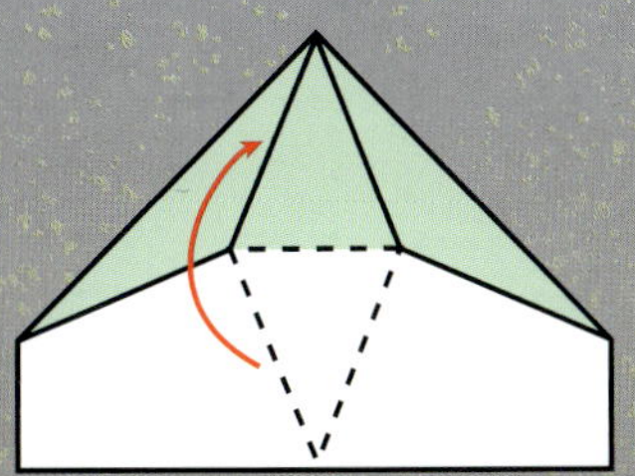

6 Klappe das lose Dreieck nach oben zur oberen Spitze.

7 Klappe das Modell mit den Faltungen außen zur Hälfte zusammen.

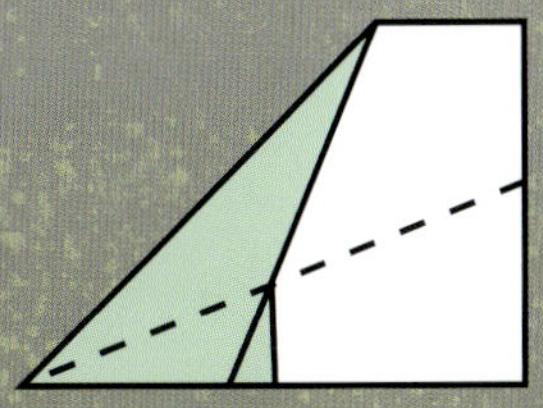

8 Falte die Flügel jeweils entlang der gestrichelten Linie nach unten.

So fliegt sie:

- *Dieser blitzschnelle Flieger landet genau dort, wo er landen soll.*
- *Wirf ihn schnell und fest nach vorne mit erhobenem Arm.*
- *Probiere auch, ihn nach oben zu werfen, und sieh zu, wie er abtaucht.*

9 Öffne die Flügel, bis sie etwas höher als im rechten Winkel zum Rumpf stehen.

Fliegender Drache

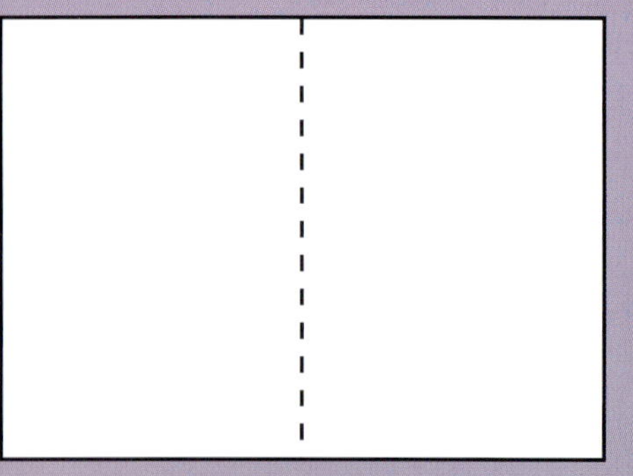

1

Lege das Faltblatt »Fliegender Drache« oder ein A4-Blatt waagrecht vor dich hin und falte es einmal von links nach rechts und wieder auf.

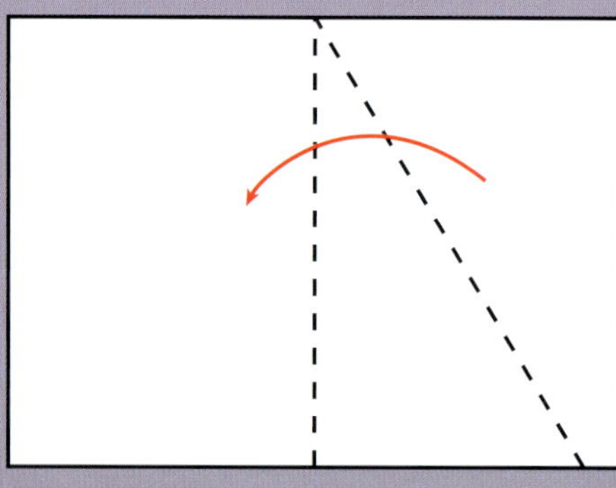

2

Falte die rechte obere Ecke entlang der gestrichelten Linie nach unten.

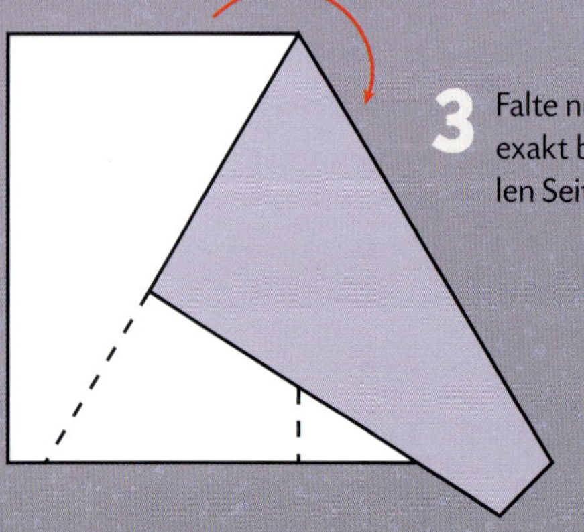

3 Falte nun die linke obere Ecke exakt bis zur rechten diagonalen Seitenlinie.

4 Klappe die Spitze oben nach unten.

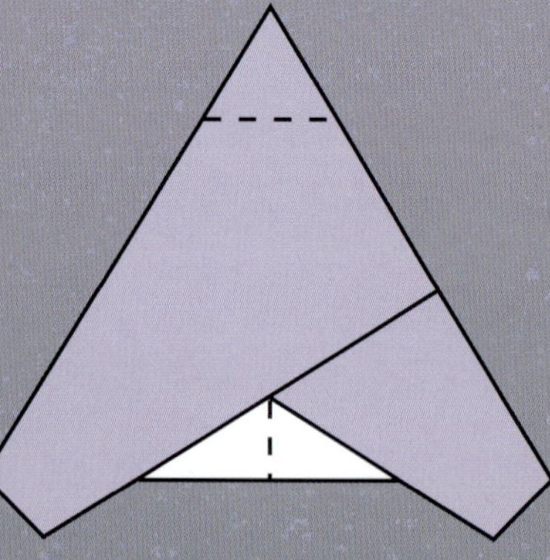

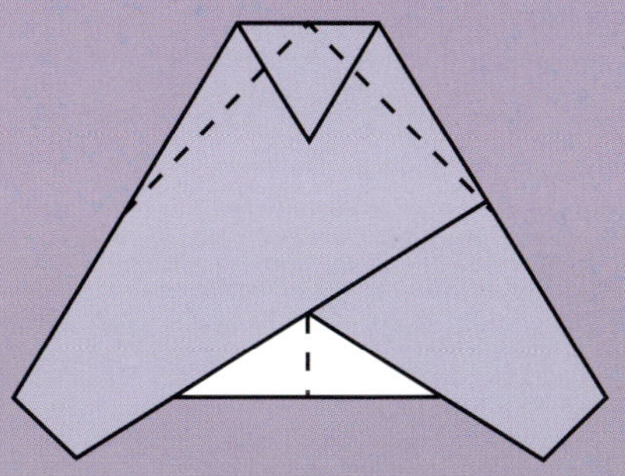

5 Falte nun entlang der gestrichelten Linie eine neue Spitze. Drücke die Faltung mit dem Daumennagel gut fest.

So fliegt er:

- Da die Flügel meist ein wenig unterschiedlich groß sind, kann dieser Flieger ganz gut um Ecken herum fliegen.
- Wirf ihn sanft mit erhobenem Arm leicht aufwärts.
- Verändere die Faltung bei Schritt 2, um den Flügel größer oder kleiner zu machen, und beobachte, was passiert.

6 Falte den Flieger mit den Faltungen außen zur Hälfte zusammen.

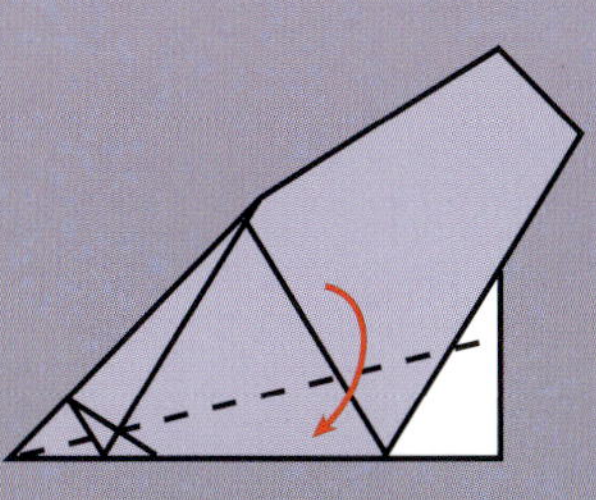

7 Falte die Flügel entlang der gestrichelten Linien nach unten.

8 Öffne die Flügel, bis sie etwas höher als im rechten Winkel zum Rumpf stehen.

Der Frosch

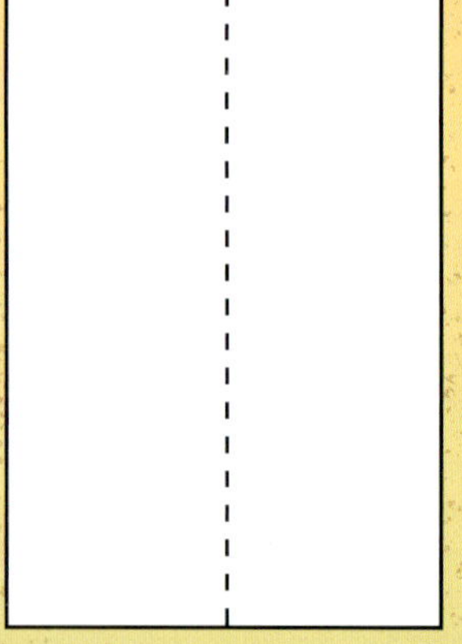

1

Lege das Faltblatt »Frosch« oder ein A4-Blatt senkrecht vor dich hin und falte es einmal von links nach rechts und wieder auf.

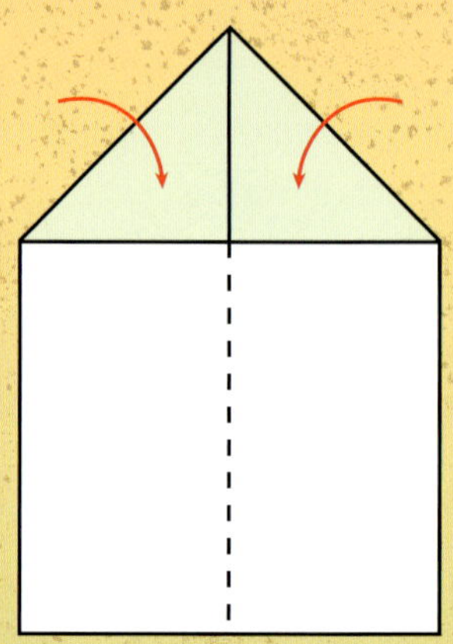

2 Jetzt faltest du die oberen Ecken zur Mittellinie hin zu einem Dreieck zusammen.

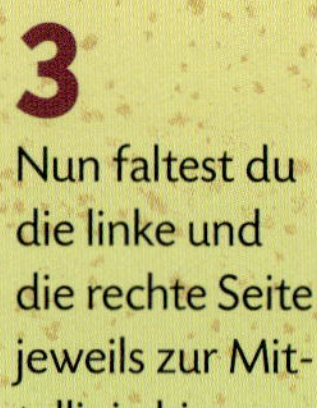

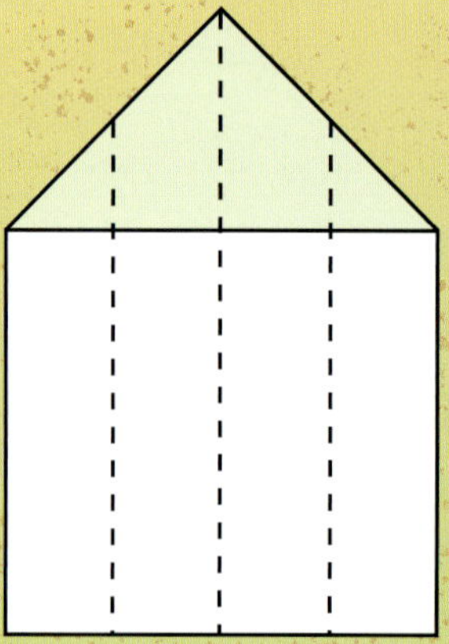

3

Nun faltest du die linke und die rechte Seite jeweils zur Mittellinie hin.

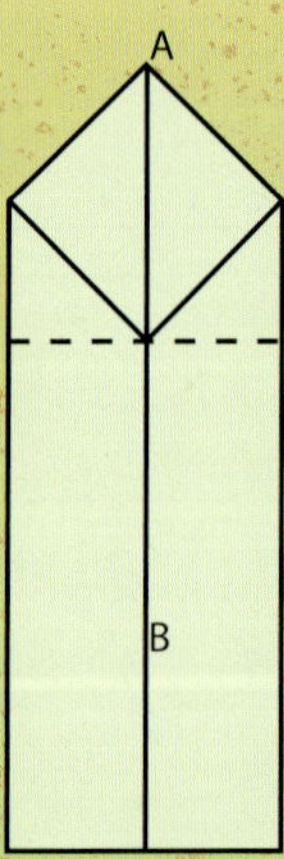

4

Klappe die obere Spitze entlang der gestrichelten Linie nach unten zu Punkt B hin und dann wieder zurück.

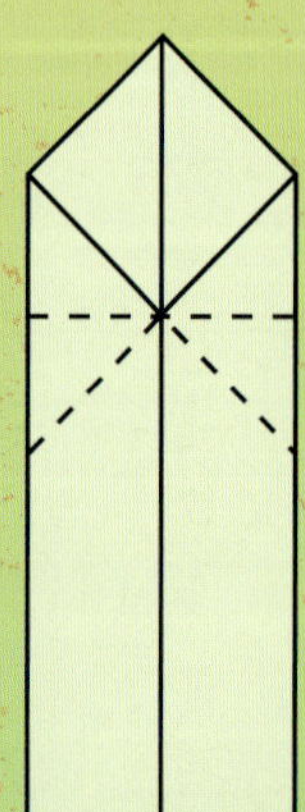

5

Falte diagonal entlang der gestrichelten Linien, fahre mit dem Daumennagel über die Faltung und öffne sie wieder.

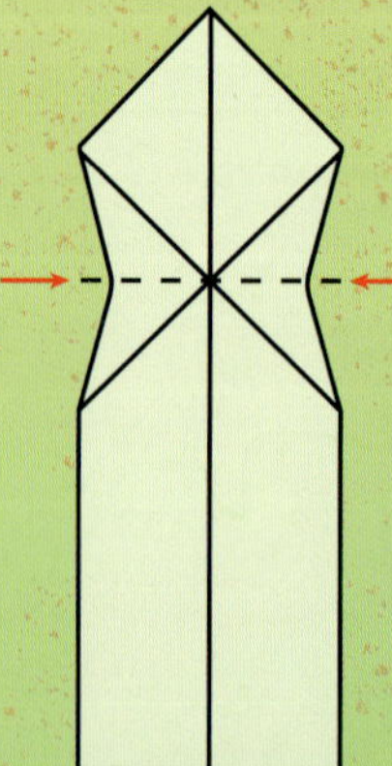

6

Schiebe nun an diesen beiden Punkten das Papier zusammen, sodass die obere Spitze senkrecht steht.

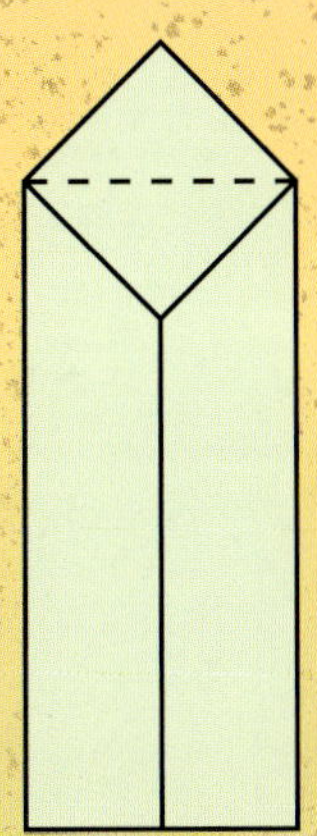

7

Drücke die Spitze nun fest nach unten, sodass du diese Form erhältst.

8

Falte das untere Dreieck nach oben und wieder auf. Entlang dieser Faltlinie klappst du dann ganz nach innen in die Tasche, die unter dem oberen Dreieck entstanden ist.

9

Falte die Flügel rechts und links entlang der gestrichelten Linien auf.

10

Drehe den Flieger um, sodass die Flügel an der Unterseite sind.

So fliegt er:

- ☉ Um den Frosch starten zu lassen, fasst du am besten in die Taschen.
- ☉ Wirf ihn sanft mit erhobenem Arm, mit der Nase leicht nach unten.
- ☉ Trotz der kurzen Flügel kann der Frosch lange gleiten.

Der Geheimgleiter

1 Lege das Faltblatt »Geheimgleiter« oder ein A4-Blatt waagrecht vor dich hin und falte es einmal von links nach rechts und wieder auf.

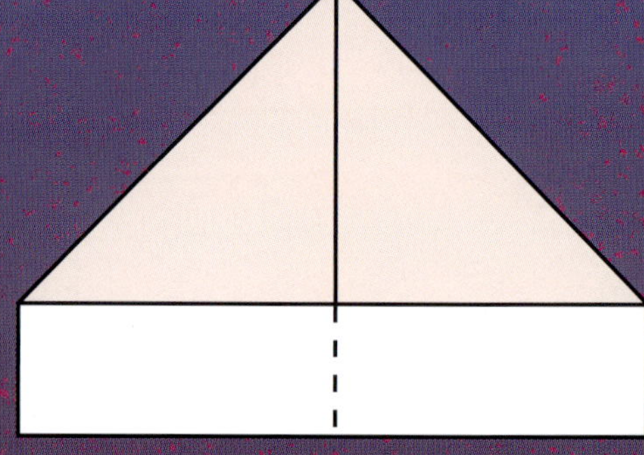

2 Jetzt faltest du die oberen Ecken zur Mittellinie hin zu einem großen Dreieck zusammen.

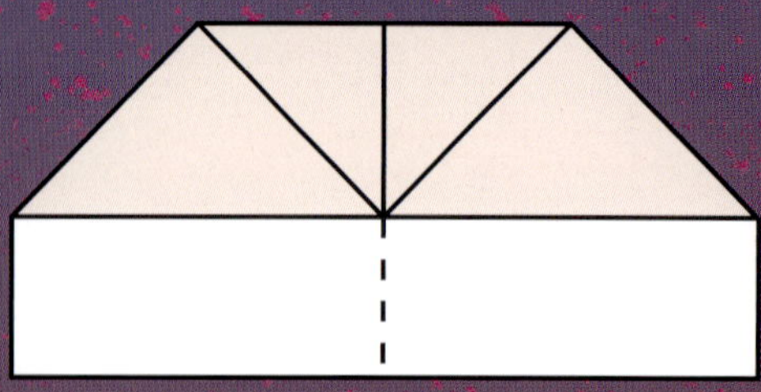

3 Klappe die obere Spitze bis zur unteren Seite des Dreiecks.

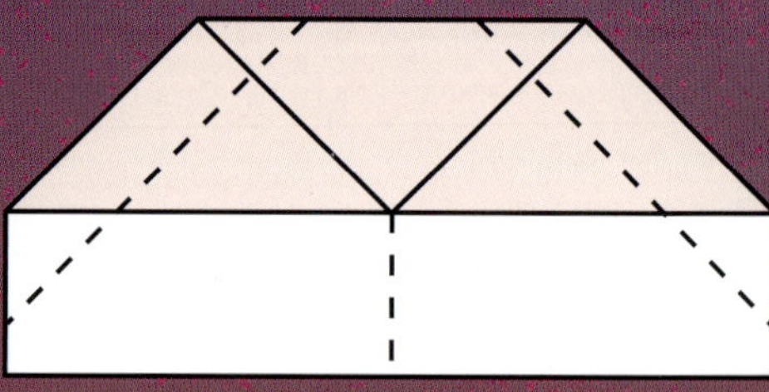

4 Falte die Seitenflügel entlang der gestrichelten Linien.

5

Falte nun das Modell von rechts nach links auf die Hälfte zusammen und drehe es um einen Viertelkreis nach oben.

6

Falte jeweils entlang der gestrichelten Linie die Flügel nach unten.

7

Klappe jeweils die untere Flügelspitze noch einmal ca. 1 cm nach innen.

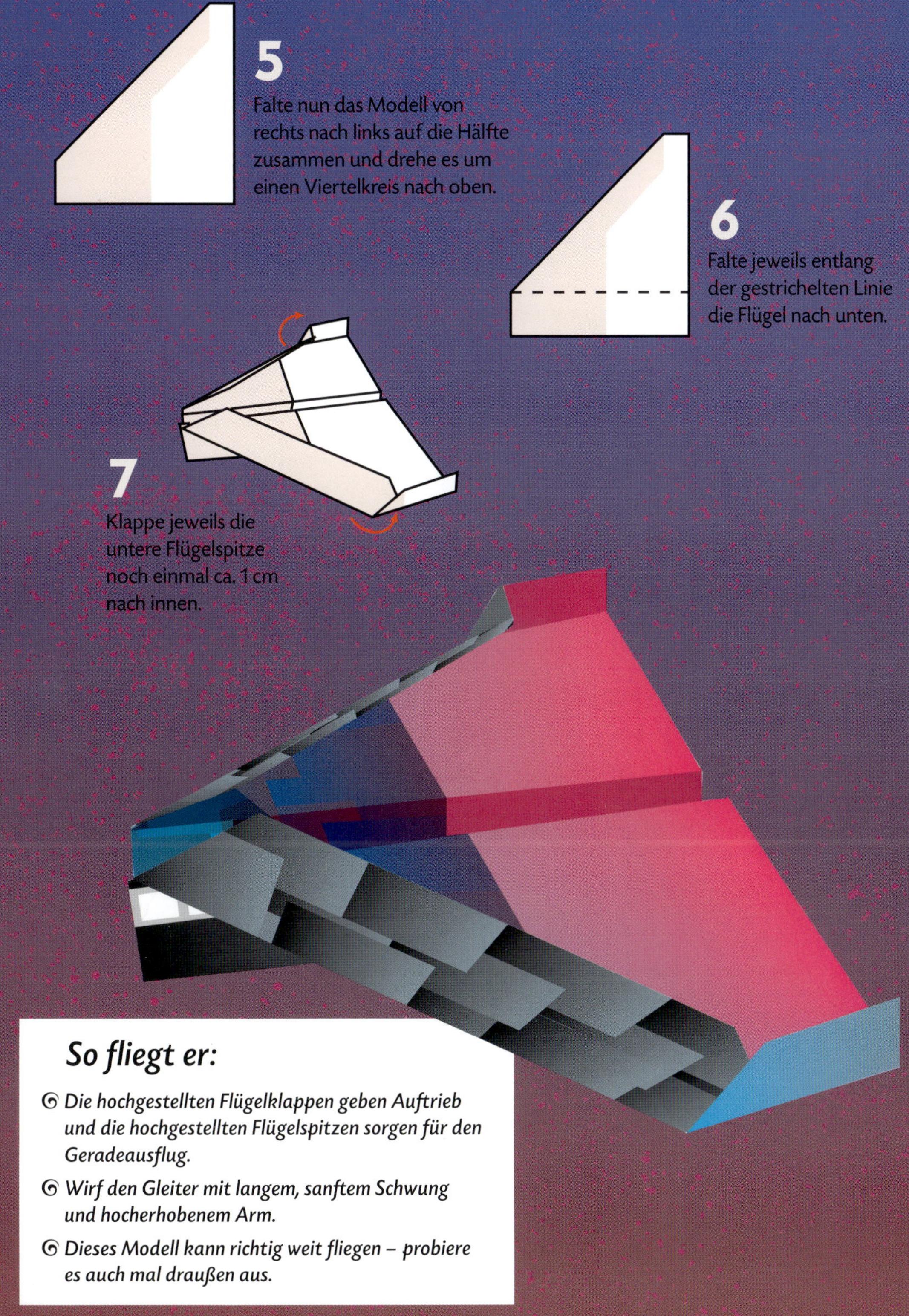

So fliegt er:

- ☉ *Die hochgestellten Flügelklappen geben Auftrieb und die hochgestellten Flügelspitzen sorgen für den Geradeausflug.*
- ☉ *Wirf den Gleiter mit langem, sanftem Schwung und hocherhobenem Arm.*
- ☉ *Dieses Modell kann richtig weit fliegen – probiere es auch mal draußen aus.*

Der Schatten

Das ist ein ausdauernder Flieger, den du immer wieder auf die Reise schicken kannst.

1

Lege das Faltblatt »Schatten« oder ein A4-Blatt senkrecht vor dich hin, falte die rechte obere Ecke zur linken Seitenlinie hin und wieder auf.

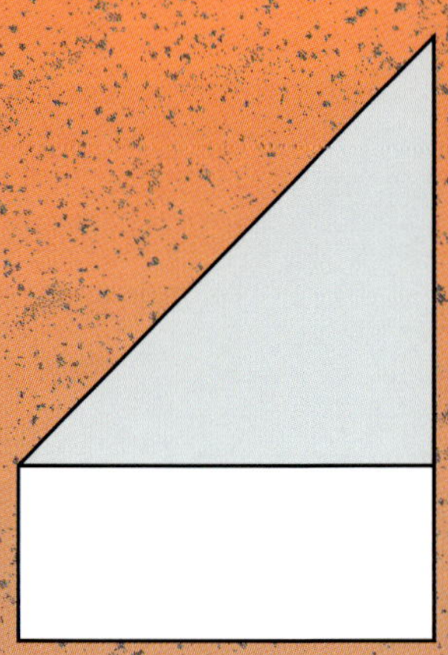

2 Jetzt machst du das Gleiche auf der anderen Seite und öffnest das Papier wieder.

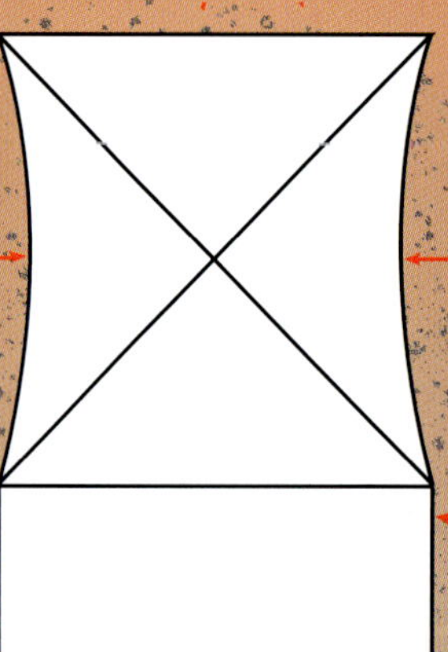

3 Mithilfe der entstandenen Faltlinien schiebst du nun das Papier so zusammen, dass ein Dreieck entsteht, wie im nächsten Schritt gezeigt.

4 So sollte das Blatt jetzt aussehen.

5 Klappe die obere Spitze bis zur unteren Seite des Dreiecks.

6
Klappe die obere rechte und obere linke Ecke entlang der gestrichelten Linien zu je einem Dreieck nach innen.

7
Jetzt nimmst du auf beiden Seiten jeweils das doppelte Dreieck und schiebst es in die Seitentaschen des mittleren Dreiecks.

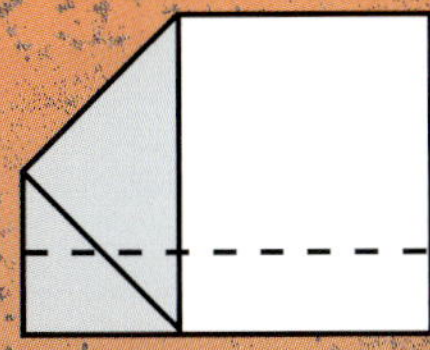

8
Falte das Modell mit den Faltungen außen zur Hälfte zusammen. Klappe jeweils entlang der gestrichelten Linie die Flügel nach unten.

9
Stelle die Seitenklappen der Flügel noch auf.

So fliegt er:

☞ Dank der schweren Nase und der Flügelklappen ist der Schatten ein ausdauernder Flieger.

☞ Wirf ihn mit erhobenem Arm weit nach vorne.

☞ Dieses Modell ist nicht sehr schnell, aber es kann ziemlich lange geradeaus fliegen.

Die Concorde

*Mit diesem turboschnellen Flieger erzielst du Rekord-
geschwindigkeiten, allerdings ist der Flug nicht sehr stabil.*

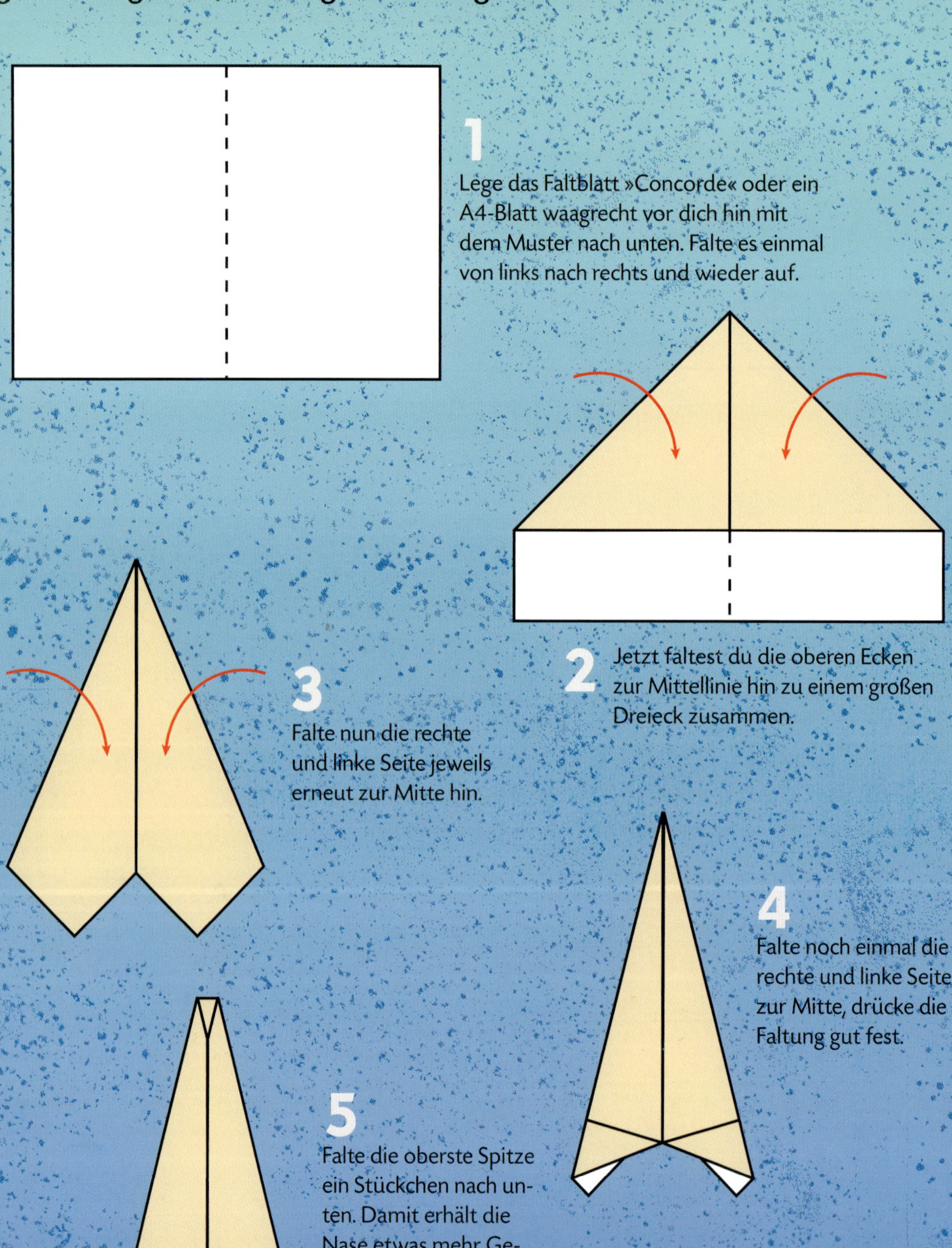

1

Lege das Faltblatt »Concorde« oder ein
A4-Blatt waagrecht vor dich hin mit
dem Muster nach unten. Falte es einmal
von links nach rechts und wieder auf.

2 Jetzt faltest du die oberen Ecken
zur Mittellinie hin zu einem großen
Dreieck zusammen.

3 Falte nun die rechte
und linke Seite jeweils
erneut zur Mitte hin.

4 Falte noch einmal die
rechte und linke Seite
zur Mitte, drücke die
Faltung gut fest.

5 Falte die oberste Spitze
ein Stückchen nach un-
ten. Damit erhält die
Nase etwas mehr Ge-
wicht und wird stabiler.

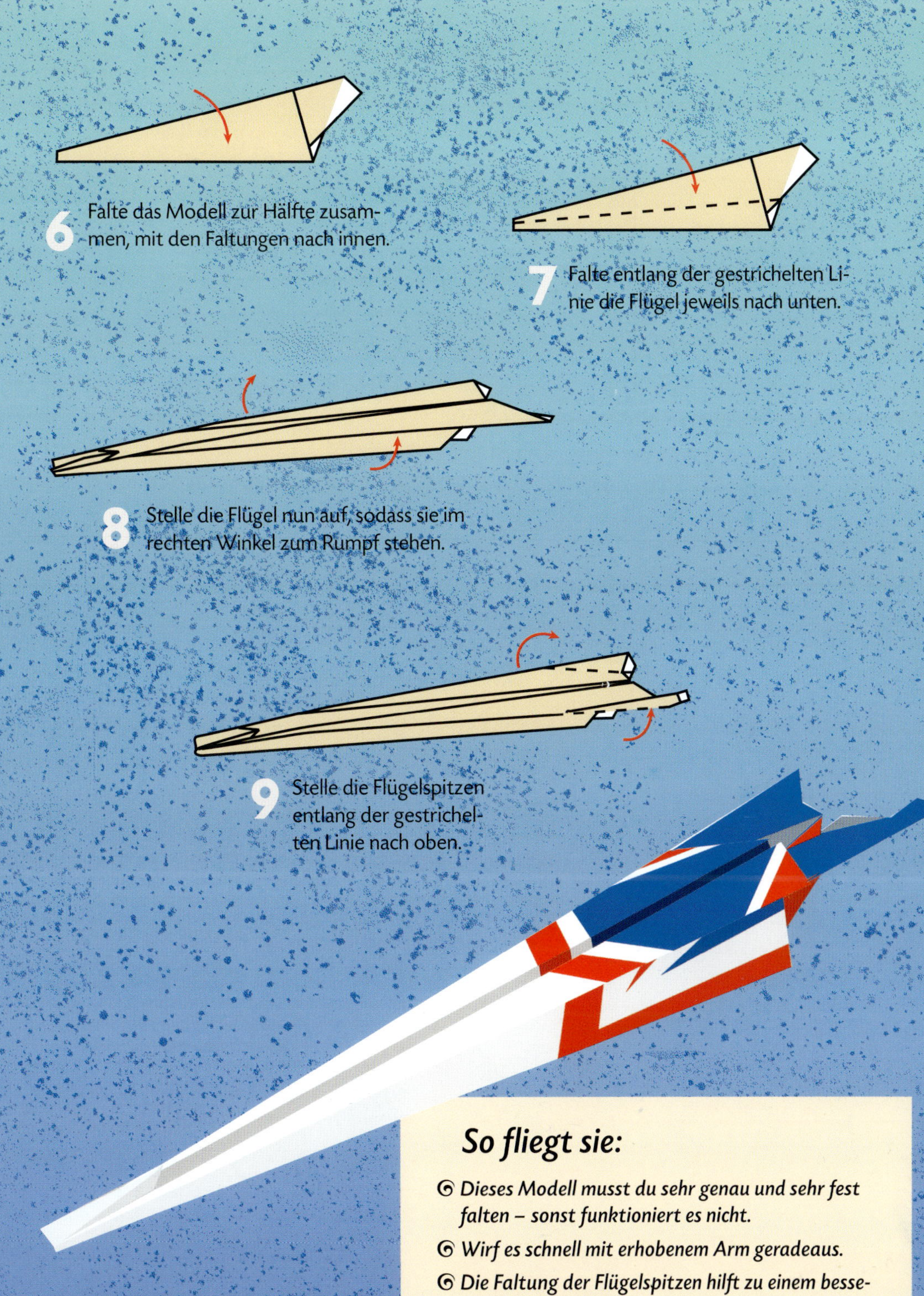

6 Falte das Modell zur Hälfte zusammen, mit den Faltungen nach innen.

7 Falte entlang der gestrichelten Linie die Flügel jeweils nach unten.

8 Stelle die Flügel nun auf, sodass sie im rechten Winkel zum Rumpf stehen.

9 Stelle die Flügelspitzen entlang der gestrichelten Linie nach oben.

So fliegt sie:

- Dieses Modell musst du sehr genau und sehr fest falten – sonst funktioniert es nicht.
- Wirf es schnell mit erhobenem Arm geradeaus.
- Die Faltung der Flügelspitzen hilft zu einem besseren Geradeausflug.

Die Schwalbe

1
Nimm das Faltblatt »Schwalbe«, oder bastle ein Quadrat, wie eingangs beschrieben. Hebe das abgerissene Rechteck aber auf.

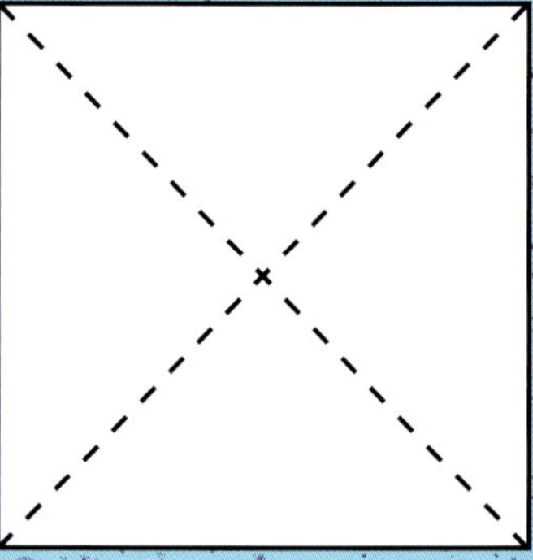

2 Falte entlang der gestrichelten Linien, dann öffnest du das Quadrat wieder.

3 Mithilfe der entstandenen Faltlinien schiebst du nun das Papier so zusammen, dass ein Dreieck entsteht, wie im nächsten Schritt gezeigt.

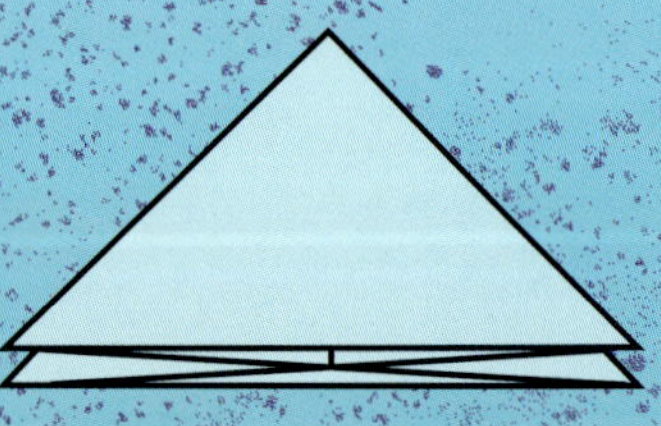

4 So sollte dein doppeltes Dreieck jetzt aussehen.

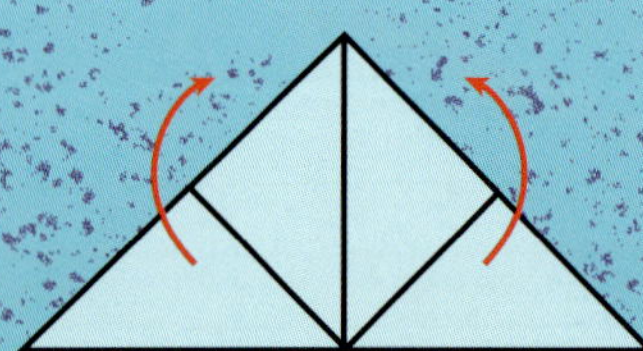

5 Falte die unteren Ecken des oberen Dreiecks zu einem Diamanten nach oben.

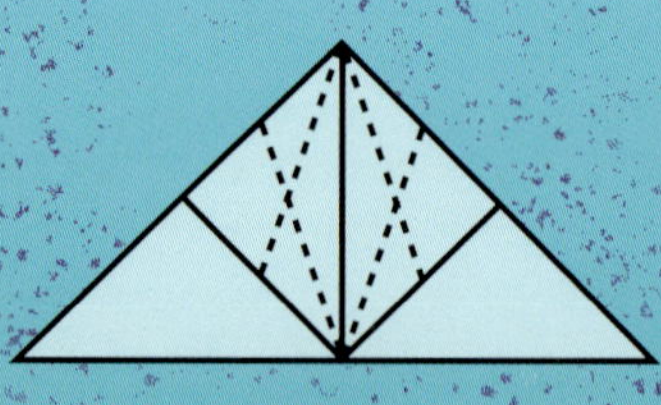

6 Klappe einmal von oben und einmal von unten je beide Seiten des Diamanten nach innen zur Mitte, um die Faltungen an den gestrichelten Linien zu erhalten.

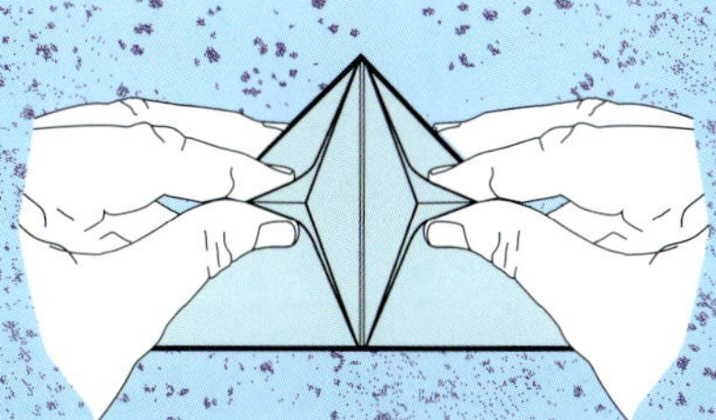

7 Drücke die linke und rechte Ecke des Diamanten jetzt jeweils mit Daumen und Zeigefinger der linken und rechten Hand zusammen. Führe die entstehenden beiden Spitzen in der Mitte zusammen, bis sie senkrecht stehen.

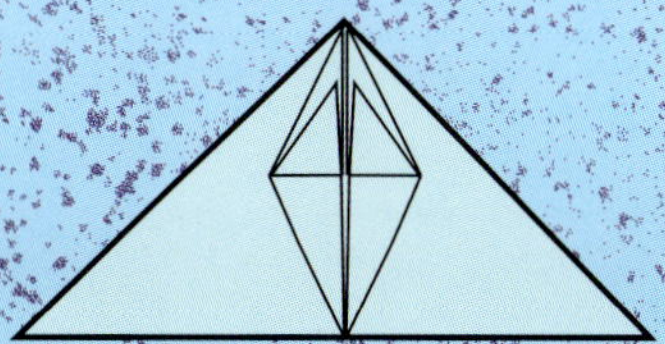

8 Jetzt faltest du beide Spitzen flach nach hinten von dir weg.

9 Nimm das abgerissene Rechteck aus dem 1. Schritt, lege es senkrecht vor dich hin, falte es einmal in der Mitte längs zusammen und wieder auf. Falte die oberen Ecken zur Mitte zu einem Dreieck zusammen. Das ist der Schwanz des Fliegers.

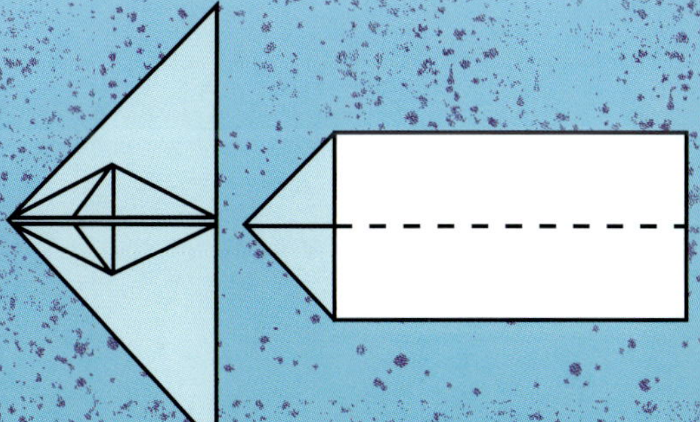

10 Stecke die Spitze des Schwanzes in das untere große Dreieck.

11 Falte nun die äußere Spitze des Fliegers so nach hinten, dass nur noch die in Schritt 8 entstandene Spitze des Diamanten zu sehen ist, so wie hier gezeigt.

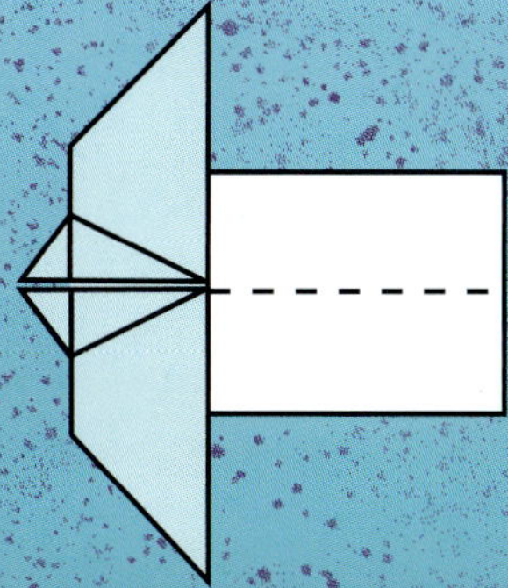

Die Schwalbe

12

Falte das Modell mit den Faltungen außen zur Hälfte zusammen.

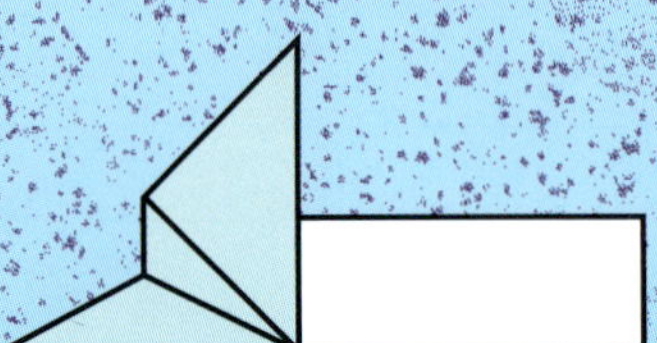

13

Falte die Flügel entlang der gestrichelten Linie jeweils nach unten.

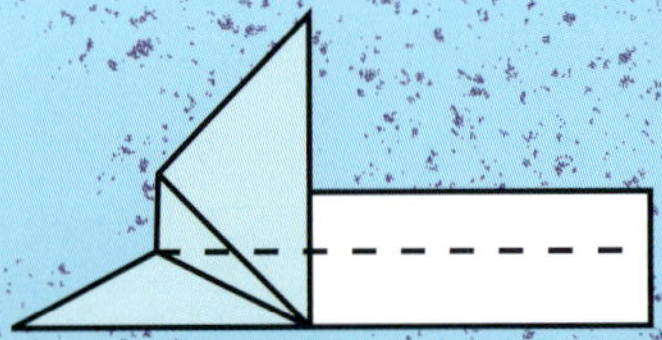

So fliegt sie:

- Dieses unverwechselbare Modell sieht toll aus beim Fliegen.
- Wirf es mit erhobenem Arm sanft nach oben.
- Je kräftiger du es faltest, desto länger wird es in der Luft bleiben.

14

Öffne die Flügel, bis sie etwas höher als im rechten Winkel zum Rumpf stehen.

Der Pfeil (Vorderseite)

Der Pfeil (Rückseite)

Der Gleiter (Vorderseite)

Der Gleiter (Rückseite)

Die Klinge (Vorderseite)

Die Klinge (Rückseite)

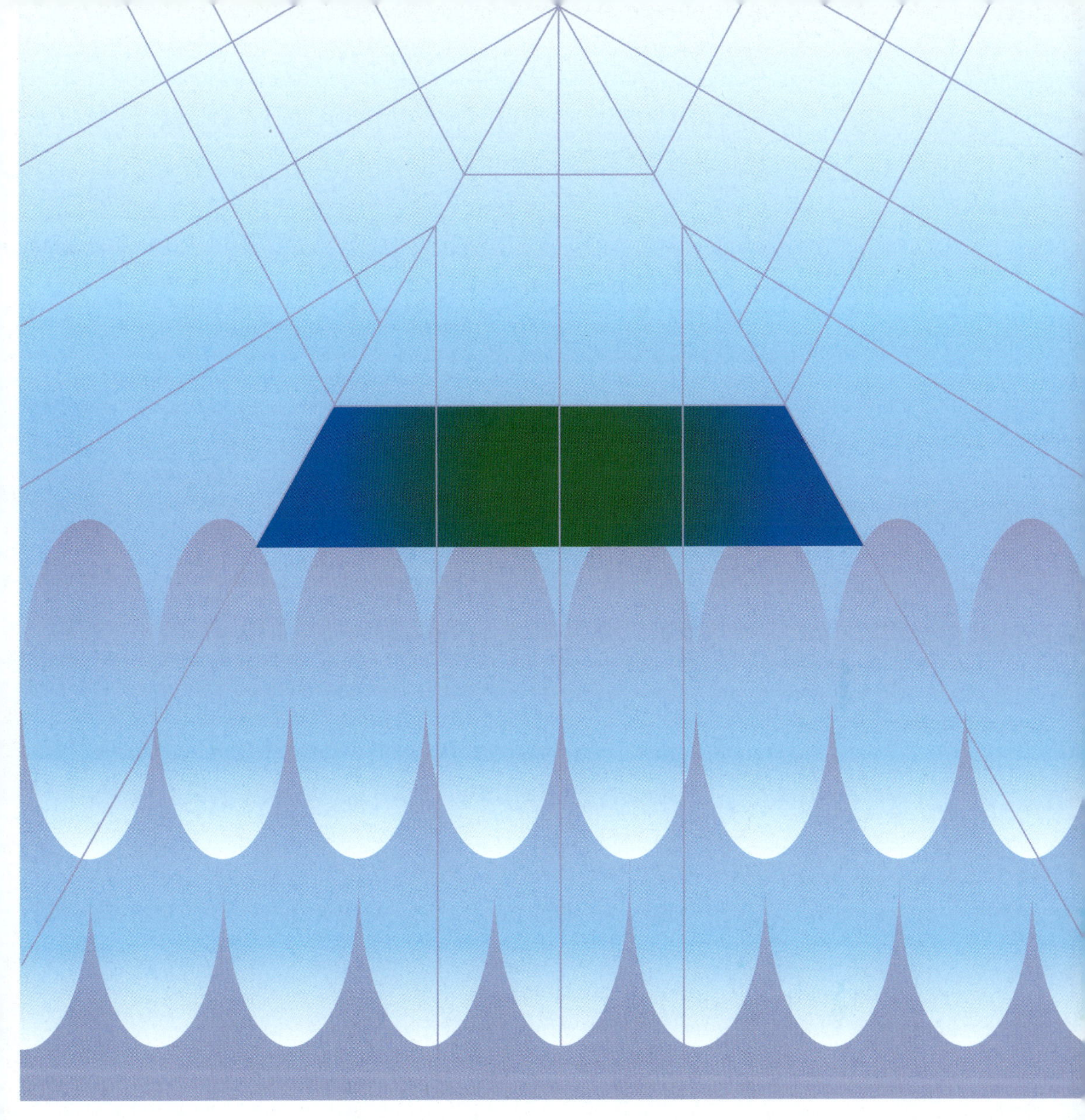

Die Taube (Vorderseite)

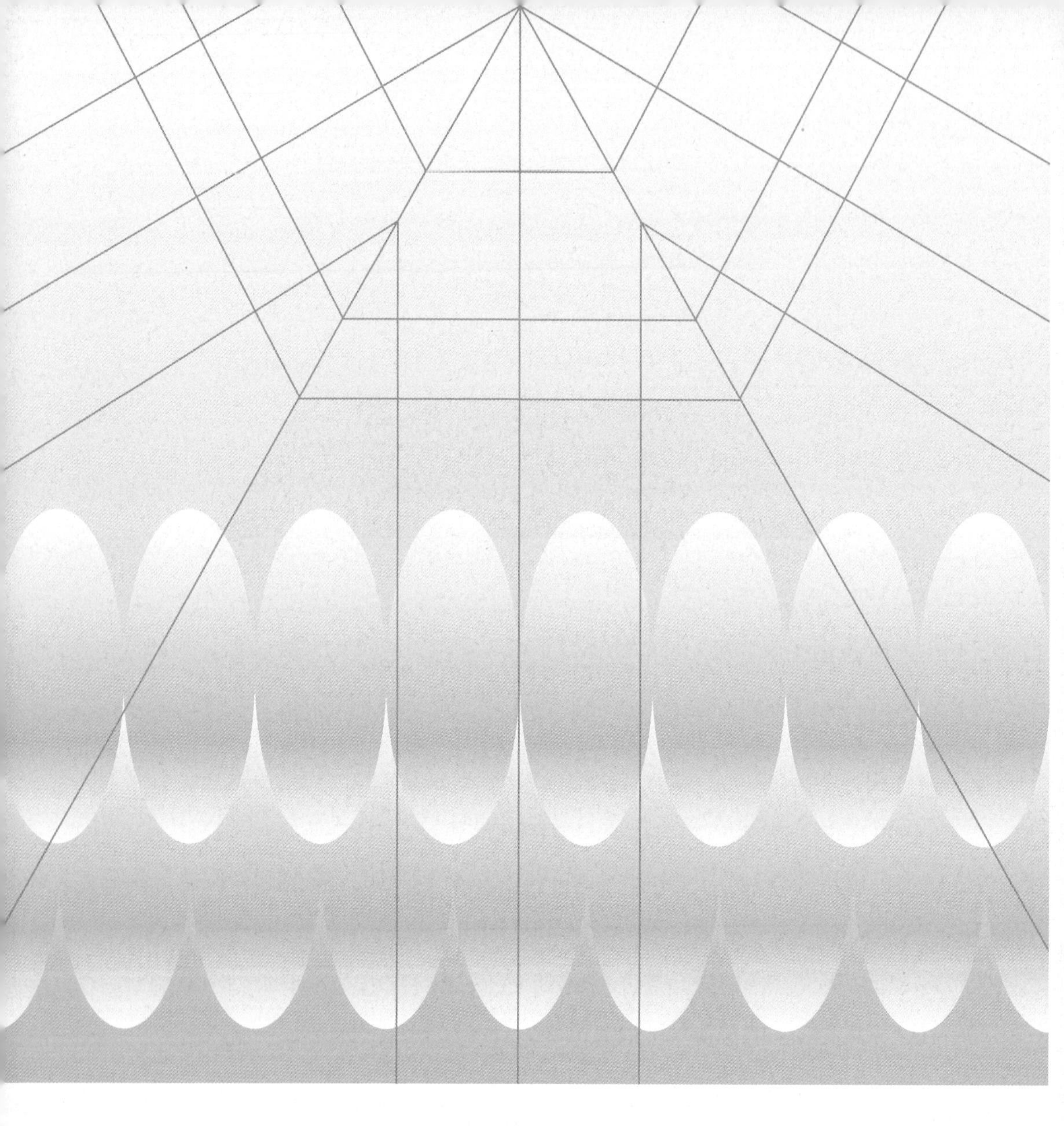

Die Taube (Rückseite)

Der Liner (Vorderseite)

Der Liner (Rückseite)

Der Falke (Vorderseite)

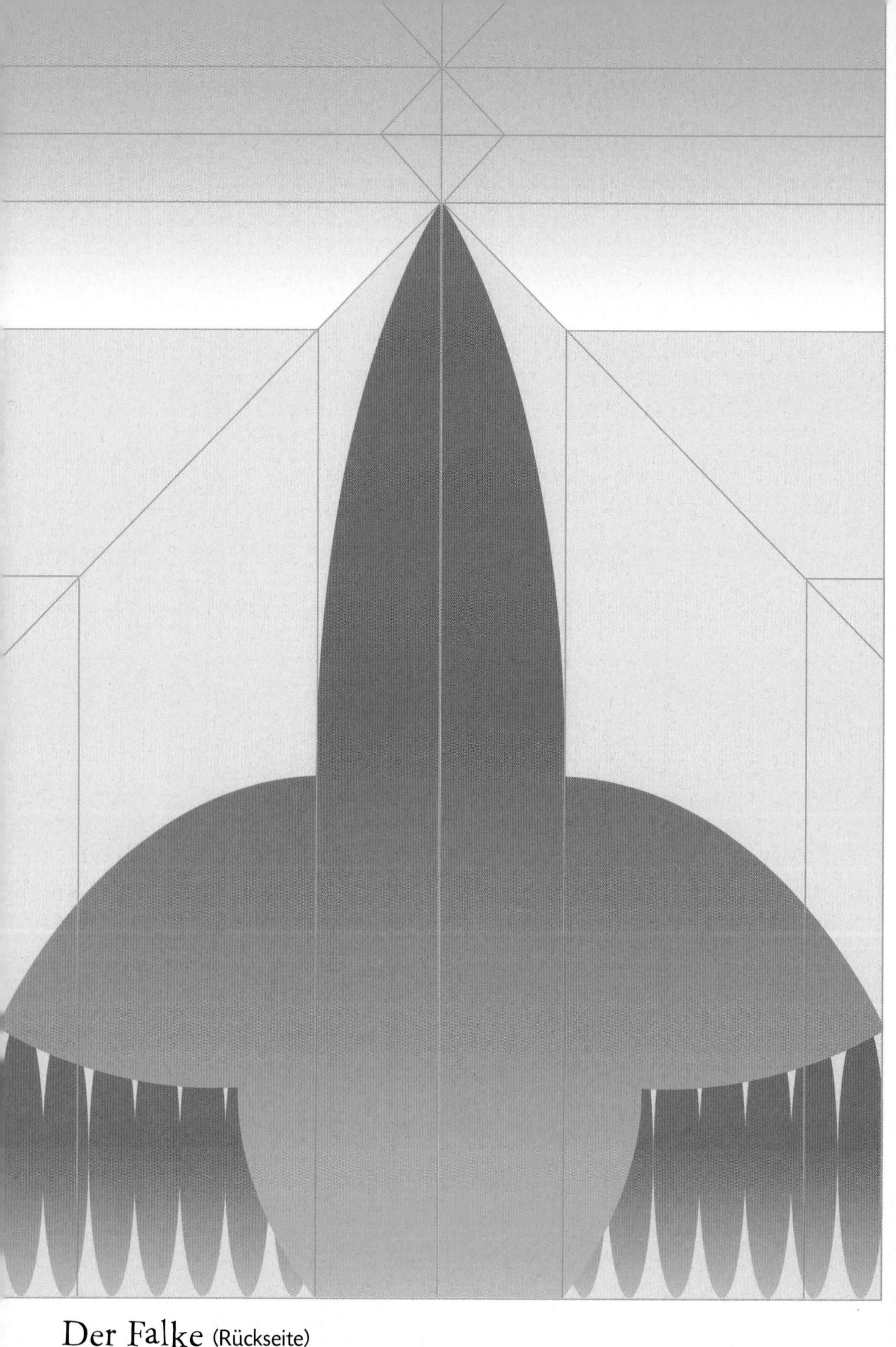

Der Falke (Rückseite)

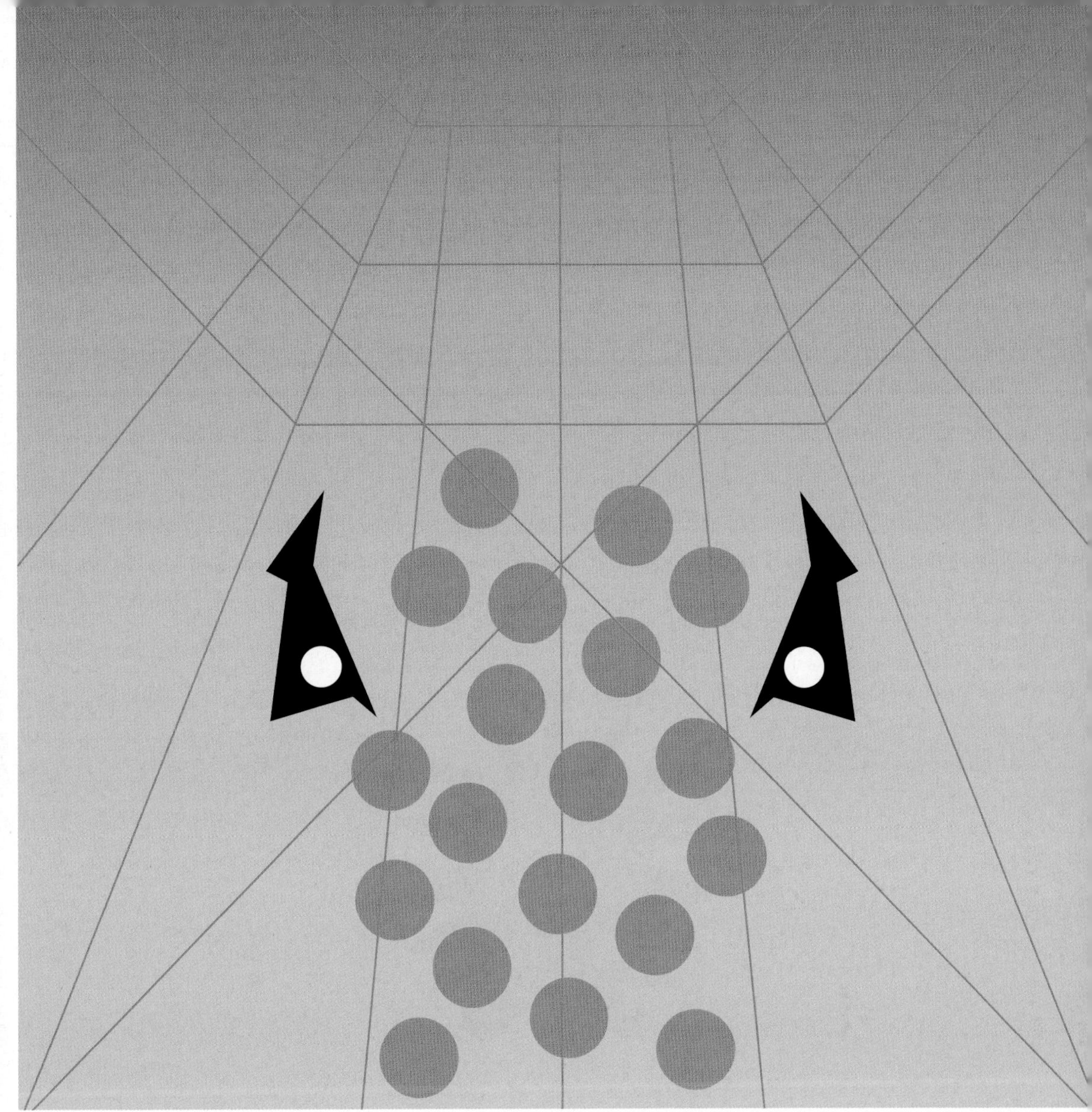

Der Boxer (Vorderseite)

Der Boxer (Rückseite)

Der Albatros (Vorderseite)

Der Albatros (Rückseite)

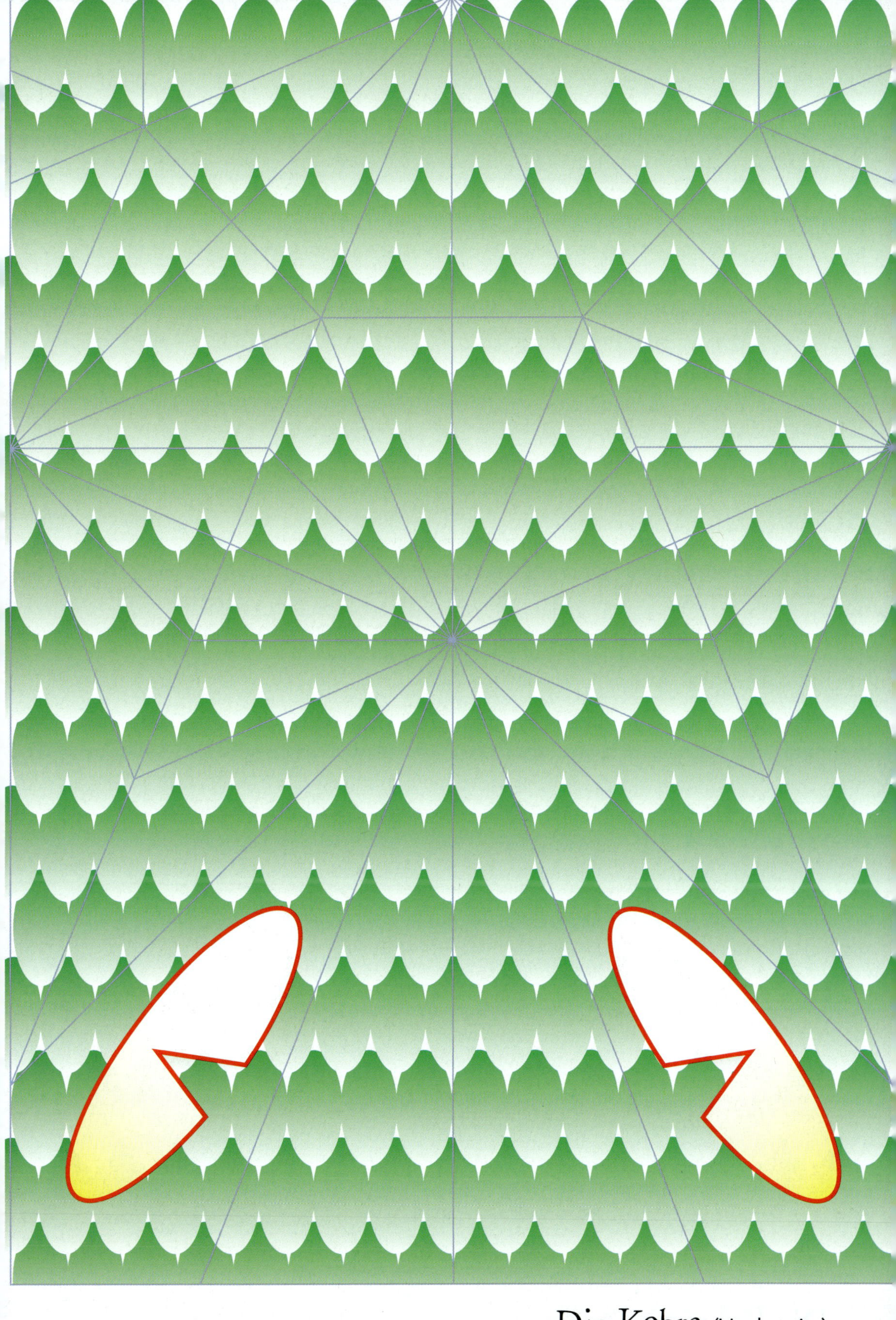

Die Kobra (Vorderseite)

Die Kobra (Rückseite)

Fliegender Drache (Vorderseite)

Fliegender Drache (Rückseite)

Der Frosch (Vorderseite)

Der Frosch (Rückseite)

Der Geheimgleiter (Vorderseite)

Der Geheimgleiter (Rückseite)

Der Schatten (Vorderseite)

Der Schatten (Rückseite)

Die Concorde (Vorderseite)

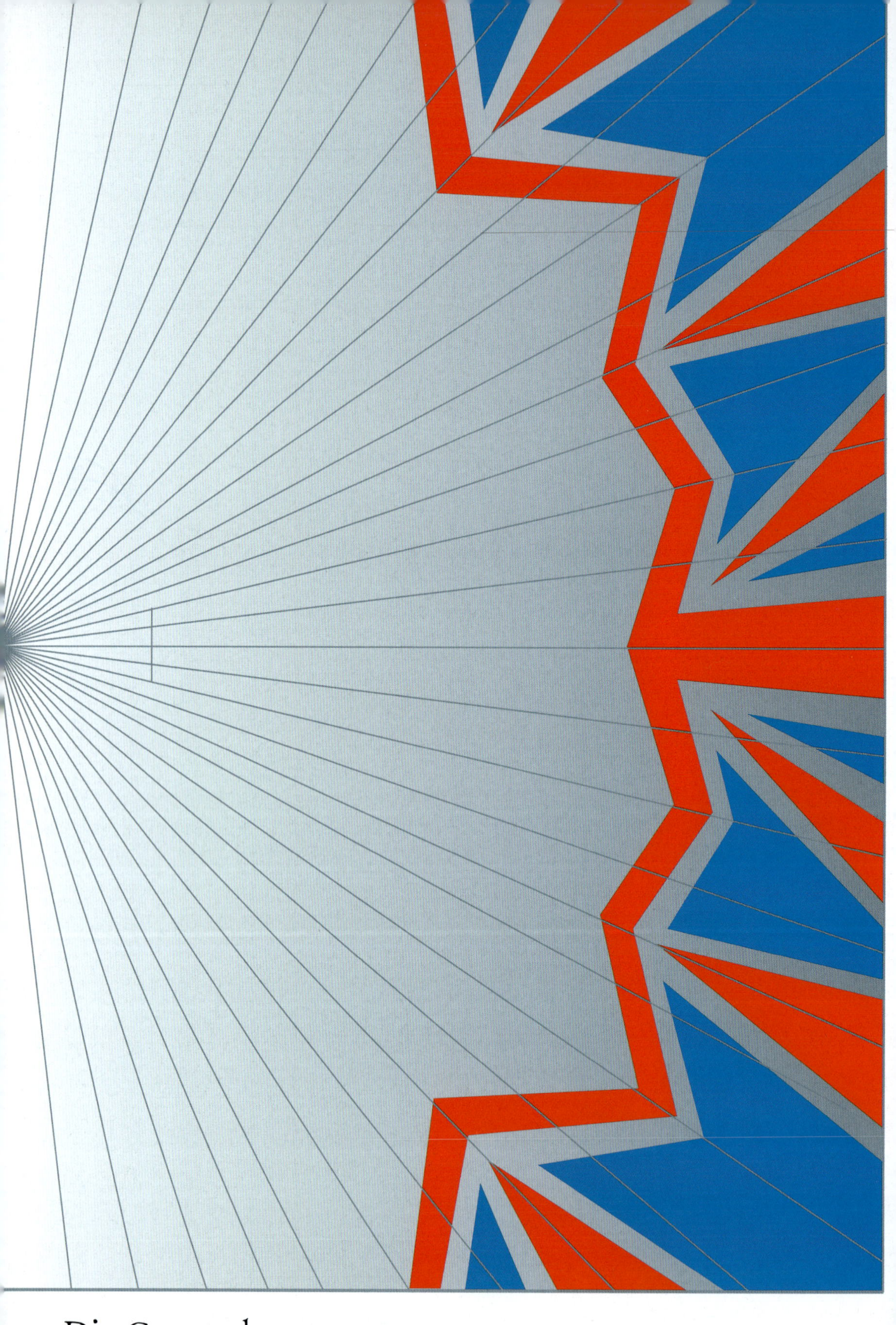

Die Concorde (Rückseite)

Die Schwalbe (Vorderseite)

Die Schwalbe (Rückseite)

Fliegender Drache (Vorderseite)

Fliegender Drache (Rückseite)